人間の本性

人間とはいったい何か

Understanding Human Nature

アルフレッド・アドラー
Alfred Adler

長谷川早苗 訳

興陽館

人間の本性

人間とはいったい何か

アルフレッド・アドラー

長谷川早苗 訳

Menschenkenntnis
Alfred Adler

自分を知り、
自分のなかで何が起きているか、
それはどこから生じているかを理解する。

人間の本性　人間とはいったい何か　目次

はじめに

第一章　いつ人間の本性はつくられたのか　28

第二章　なぜ人間は集い群れるのか　40

第五章　なぜ人間は評価されたがるのか　92

装丁　山口昌弘

はじめに
人間の本性《ほんしょう》を知るということ

はじめの言葉
人間の運命は、自分の魂のなかにある
（ヘロドトス、古代ギリシャの歴史家）

人間の本性を知るとは

まず人間の本性を知るには、思いあがりやうぬぼれは許されません。反対に、本当に人間を知るということは、ある程度のつつしみ深さを生むようなものでなくてはならず、文化が始まったころから人類がとりくんできた大きな課題を教えてくれるものです。人間性の理解は目的にそって体系的に始められた学問ではないため、人間を深く知る偉人が単発的に現れているにすぎません。これが人間を知るという学問の問題です。

そのため、もし人々が人間を知っているかどうかを調べてみれば、たいていは知らないことがわかります。わたしたちはみんなあまり人間のことをよくわかっていないのです。これはわたしたちの孤立した生活に関係しています。現代ほど人が孤立して生きている時代はないでしょう。子どものときからすでにわたしたちはお互いにあまりつながりをもっていません。家庭はわたしたちを孤立させています。わたしたちの全体的な生き方を見ても、周囲の人と親しい関係を作るのは難しいことですが、他者との関係は人間を知る能力を伸ばすのに絶対に必要なものです。人間を知ることとほかの人とつながることとは、互いに関係しています。理解が足りないせいで長らく他者と離れていると、ふたたび関係を築くことができなくなるからです。

理解の不足で起こるもっとも深刻な結果は、周囲の人とつきあい、ともに生きていくことにたいてい失敗してしまうという事態です。人がお互いをよく知らずにいるために、ふれあわず、対話せず、手をとりあわないというのは、よく見られる厳しい事実です。これは社会の広い範囲だけでなく、ごく近い家族の関係でも起こります。

子どものことがわからないと親が訴えたり、親に理解してもらえないと子どもが嘆いたりすることはよくあります。けれど、人が共生するためには、お互いを理解することが絶対に欠かせません。人に対するわたしたちの態度はすべて相手への理解に左右されるのです。人間がどういうものかもっとわかれば、共生を妨げるようなスタイルがなくなり、もっとずっとよく共存できるようになるでしょう。いま共生が妨げられているのは、ただ単にわたしたちがお互いを知らず、表面的なことにだまされて他者のうわべに惑わされているからなのです。

では、この広大な領域に人間を理解するという学問を確立するにあたって、どうして医学の面からアプローチするのでしょうか。この学問にはどのような**前提条件**があるのか、どのような課題があるのか、どのようなことが期待できるのかについても説明しましょう。

まず言えるのは、**精神医学**そのものが人間への理解をもっとも求められる学問だということです。精神科医は**精神疾患**患者の内面をできるだけすばやく見てとらなくてはなりません。医学のこの領域では、患者の精神でなにが起きているかはっきりとわかるときにだけ、有用な診断を下すことができ、介入や治療を行ったり提案したりできるのです。ここには表面的な理解ですむことなどありません。医師が誤ればすぐにもよくない結果が返ってきますし、正しく把握すればたいていはよい結果が得られます。つまり、結果がすぐに出るかなり厳しい試験が行われるわけです。社会生活では、人を判断するときに間違える可能性がもっと高くなります。この場合でも判断を誤ればよくない結果は返ってきますが、反応が遅くてたいてい関連に気づくことができず、人の判断の誤りが場合によっては何十年後かにひどい失敗や運命につながる様子を目にして驚くことになります。こうした状況は、**わたしたちみんなが人間の本性を知り**、深めていかなければならないことをくりかえし教えてくれます。

研究を進めると、疾患例でよく目にするどのような精神の変調、こじれ、失敗も、その構造においては、いわゆる通常の人の精神に見られないようなものはないことがすぐにわかりました。要素や条件は同じなのですが、疾患例のほうが極端で目につきやすいのです。構造に違いがないとわかったおかげで、わたしたちはそこから学び、通常の精神と比較して経験を集められるようになっています。そしてそこからは、通常の関係に対しても深く洞察することができます。こうなるともうあとは訓練の問題で、どんな職業にも求められる注力と忍耐が関係してきます。

幼い子どものころの体験が重要な理由

わたしたちが最初に気づいたのは、人間の内面をつくるもっとも強い刺激は、ごく幼い子ども時代のものであるということです。この認識自体はたいして奇抜なものではありません。似たような考えは、どの時代の研究者にも見られます。わたしたちの発見で新しいのは、わかる範囲の子供時代の体験、印象、態度を、成長してからの精神世界の現象と**明確に**結びつけようとしたことにあります。わたしたちはごく幼いころの体験とのちの状況や態度を比較しました。すると、非常に重要なことが判明しました。**精神世界の個々の現象は、1つの完結した全体として見てはいけない**のです。個々の現象が理解できたのは、分離できない全体の一部としてすべての現象を理解し、精神が動く方向性、生き方のパターン、ライフスタイルを解き明かし、子ども時代の態度と成長してからの態度がひそかに求める目標が同じであることを明らかにしたときだけでした。

つまり、**精神の動き**という点ではなんの変化も見られなかったのです。具体化や言語化といった、精神の現象の外面的な部分の現れ方は変わるけれど、基本的な点や目標、活力といった精神が目標へ向けて動く部分はすべて子どものときのままであることが驚くほど明らかに示されました。たとえば、患者が不安になりがちな性格で、つねに不信に満ち、人と距離をおこうとする場合、3、4歳のころにはもう同じ精神の動きを身につけていたことが容易に証明されました。ただし、幼いころの動きは単純でより見抜きやすい形になります。ですから、わたしたちはいつもまず患者の子ども時代に注意を集中することを原則にしています。おかげで、子ども時代から多くのことを仮定し、たとえ言葉にされなくても知ることができるようになりました。わたしたちは、ある人物について目にしたことを、成長しても消えない幼いころの体験の刻印ととらえました。その一方で、子ども時代のどんな出来事を覚えているかを聞くことで、目の前にいる人がどのような人間なのかを（正しく理解していればですが）つかめます。このときはもう1つの理解も利用します。それは、幼いときに身につけた型から逃れることは難しいという理解です。型から抜けだせた人間はごくわずかしかいません。たとえ、成長してからの精神が別の状況で別の現れ方をして、違う印象を与えてもです。これは生き方のパターンが変化したことを示しているわけではありません。精神は同じ土台に落ち着いたままで、同じ動きの流れを示し、子ども時代にも大きくなってからも同じ目標が読みとれるのです。

わたしたちが子ども時代を重視するのには、もう1つ理由があります。人を変化させようとするときは、無数の体験や印象を上から切り崩すのではなく、まず型を見つける必要があると気づいたからです。型がわかれば、患者の独自性、そして特異な症状が理解できるのです。

こうして、子ども時代の精神を考察することが、わたしたちの学問の主軸となりました。このことはわたしたちを十分に元気づけ、導いてくれました。子ども時代の研究には多くの労力がかけられています。この研究にはまだ精査されていない膨大な資料があるので、まだまだ時間がかかりますし、だれでも新しい点、重要な点、興味深い点を見つけることができます。

あなたは自分をよく見ていますか

この学問はわたしたちにとって誤りを防ぐ手段でもあります。自らの存在のためだけにあるような学問は人間を知ることではないからです。こうした認識があるので、わたしたちは当然のように教育の分野に進み、何年もとりくんできました。

教育という課題は、人間の理解が重要な学問であると気づき、それを体験して習得しようとする人たちすべてにとって豊かな鉱脈なのです。それは書物から得る知識ではなく、実際の場で学ばれるものだからです。精神世界のあらゆる現象を、いわばともに体験して受け入れ、相手の喜びや不安に寄りそっていく必要があります。これは優れた画家が、肖像画を描こうとする相手の顔つきに、自分が感じとったものしか投影できないのと同じようなことです。こうして見ると、人間を知ることは十分に道具のそろった芸術と考えられます。しかし同時に、ほかの芸術と同列に並んで、詩人という特定の人間によってとても価値のある使われ方をしてきた芸術とも言えます。人間の理解は第一に、わたしたちの知識を増やすために使われるべきものです。そうして、よりよい成熟した形で精神を成長させる可能性をだれもがつかめるようにしていくのです。

この過程でよく見られる困難は、わたしたち人間が人間の本性を知るという点において非常に敏感なことにあります。研究をしたことがなくても、自分は人間を知っていると考える人は多くいます。人間性への理解を得る手助けをしようとすると、すぐさま傷つけられたように感じる人はもっと多くいます。

こうした人々のなかで本当に人間を知ろうと望む人は、自分の体験や他者の精神の苦しみに対する共感から、なにかしら人間の価値に気づいた人だけです。この状況からは、わたしたちが仕事をする際になんらかの戦略を立てる必要性も生じてきます。相手の精神から得た認識を無遠慮に突きつけるほど嫌みで批判的に見られる行為はないからです。嫌われたくない人には、この点に気をつけるよう忠告します。

人間性への理解を不用意に扱い、悪用し、会食の場などで自分が隣の人の内面をどれほど理解したり読みとったりしているかを示そうとすれば、たちまち評判をわるくします。同じように危険なのは、人間の本性についての基本的な見解を完成品として他者に当てはめることです。人間を知る学問についてすでに多少知っている人でも、そんなことをされれば傷つけられたように感じるでしょう。この点についてわたしたちは、最初に伝えたことをもう一度言います。人間を知るにはつつしみ深さが要求されるのです。子ども時代に身につけたうぬぼれでしかないような認識を、軽率かつ不必要に披露したり、もうなんでもできると誇示したりすることは許されません。大人であれば、なおさら憂慮すべき行為です。ですからわたしたちは、立ち止まり、自分をよく見て、人間の本性を学ぶ過程で得た認識で他者を妨げないよう、ここで提言したいと思います。そうしなければ、わたしたちは若者のあさはかな考え（ただし、熱狂的な若者）からしか生じないような誤りを犯すことになり、進行中の学問とその目的に対して単に新たな困難を生むだけになってしまいます。わたしたちは慎重でいるべきですし、判断を下す前にせめて大まかに全体を把握すること、だれかのプラスになると確信できるときにだけ判断を下すことを肝に銘じておくほうがいいのです。なぜなら、たとえ正しい判断でも、つたない方法で、あるいはふさわしくない場で口にすれば、多くの害をもたらすことがあるからです。

人間の本性の「もう一つの側面」

このまま話を続ける前に、多くの人の頭に浮かんでいるだろう異議に答えなければなりません。つまり、人間の人生のラインは変わらないという先ほどの主張は、多くの人にとって理解できないらしいのです。その理由は、人の態度を変えるような経験を人生でたくさんすることにあります。しかし、経験というのはさまざまな意味に解釈されることを考慮しなければいけません。2人の人間が同じ経験から同じ教訓を引きだすことはほぼないのはわかるでしょう。ですから、人は経験から賢くなるとは限りません。特定の困難を避けることを覚え、困難に対して特定の態度をとるようにはなるでしょう。

けれどそのことで人の動きのラインは変わりません。この先を読んでいけば、人間が多くの経験からいつも特定の教訓しか得ないことがわかります。こうした教訓は、くわしく調べると、決まってどこかしら人生のラインにそったもので、人生のパターンを強めるものだと証明されます。ドイツ語では、この言語特有の感覚で、経験することを「経験を**作る**」と言います。これは、経験をどのように利用するかは、その人次第であることを暗示しています。実際、人が経験から非常にさまざまな結論を引きだす様子は、日常的に観察できます。たとえば、なんらかの誤りをくりかえす人がいます。誤りを認めさせることができたとしても、その後の結果はさまざまです。本人自らもう誤りから脱しようと考えることもあります。ただしこの結論はまれです。あるいは、もうずっとこうしてきたから、いまさら変えられないと答える人もいます。別の人は自分の誤りを親のせいだと言ったり、漠然と教育のせいにしたりします。そして、自分にかまってくれる人がいなかったとか、甘やかされたとか、ひどく厳しく扱われたとか言って、誤った認識にとどまるのです。けれど、この態度からわかるのは、ただ隠れていたいという思いだけです。こうしていれば、いつも用心深くうわべを正当化して、自己批判から逃れられるのです。自分は責任を負わず、達成できなかったことはいつでもすべて他の人のせいにします。このような人は、誤りを克服する努力を自分ではほとんどしていないことに気づいていません。むしろ、ある種の情熱をもって誤りに固執しながら、**自分が望むときだけひどい教育のせいにしている**のです。

経験がさまざまに解釈され、そこから異なる結論が出される可能性を知ると、なぜ人間が人生の歩み方を変えられないのか、なぜ体験をねじ曲げて歩み方に合わせてしまうのかがわかります。人間にとって自分を知って変えることは、もっとも難しいことのようです。

それでもこの点にとりくんで、よりよい人間を育てようとする場合、人間の本性を知る学問の経験と見立てがなければ途方に暮れることになるでしょう。従来どおり表面に手をつけて、事態が新たな様子を見せたり別のニュアンスになったりすれば、いくらか変えられたと思ってしまうかもしれません。実際の症例を見れば、こうしたとりくみでは人間はあまり変わらないこと、精神の動きのラインそのものが変わらないかぎり、すべてはまた消える見せかけにすぎないことが認められます。人を変えるプロセスは簡単なものではありません。人を変えるには、慎重さと忍耐、そしてなんと言っても個人的な虚栄心をわきにおくことが必要になります。わたしたちの虚栄心の対象となるべき義務など、相手にはないのです。また、人を変えるプロセスは相手の気に入る形でなければなりません。いつもはおいしく口にする料理を、正しく用意されなかったせいで拒否するのは当然のことです。

人間の本性を知ることには、同じように重要なもう1つの側面、いわば社会的な面があります。人間がお互いをもっと理解すれば、もっとずっと調和してお互いの距離が近づくことは間違いありません。

　そうなれば、お互いに思い違いをすることはなくなるからです。この思い違いのなかには、社会にとっての非常に大きな危険の可能性が含まれています。わたしたちはともに学ぶ医師たちにこの危険を示す必要があります。医師たちは、人生で意識されないあらゆること、あらゆる隠されたこと、仮面、策略、悪巧みを見わけ、目の前の患者に気づかせて手助けをしなければなりません。それに役立つのは、意識して使われる人間性への理解だけです。

「罪人」ほど価値が高い理由

　もう1つ興味深い問いは、人間に関する知識を集めて使うのにもっとも適しているのはどのような人物なのかというものです。人間に関する知識を理論だけでは使えないことはすでに述べました。あらゆるルールを手に入れるだけではだめで、それを研究から実践へ、そして全体をまとめて理解する次の研究へとつなげることも必要です。そうすることで、自身のいままでの経験で得られる以上のするどく深い洞察力を学べます。これが、わたしたちが人間性への理解を理論的に使う動機です。しかし、この学問に血を通わせられるのは、わたしたちが人生に踏みだし、得られた原則をそこで調べ、応用したときだけです。

先ほどの問いが出てくるのは、教育で提供されるものからはあまりにもわずかな人間性への理解しか得られず、正しくない知識しか得られないことも多いからです。つまり、現在の教育は人間性への役に立つ理解を伝えるようなものではないのです。子どもがどこまで成長するか、学んだことや体験からどれほどの教訓を引きだすかは、もっぱら子どもたち1人1人にゆだねられてしまっています。人間の本性を知る学問を育てる伝統もありません。そのための教えはまだなく、この学問は化学が錬金術《アルケミー》だったころと同じ状態にあるのです。

教育を受けるわたしたちの混乱のなかで、もっとも人間の本性を知るチャンスがある人を探すならば、それはつながりを忘れていない人、周囲や人生との接触をなんらかの形で保っている人です。つまり、まだ楽観的な人か、闘う悲観論者、悲観主義がまだあきらめになっていない人です。けれど、接触のほかにも、身をもっての体験がなければいけません。ここでわたしたちは1つの結論に達します。現在の不十分な教育では、人間の本性を理解できるのは、あるタイプの人間だけだということです。そのタイプとは「悔い改める罪人」で、人間の精神世界におけるあらゆる過ちにはまり込んで、そこから抜けでた人、あるいは少なくともそれに近い状態になったことのある人です。

もちろん、人間をよく知る人が別のタイプの場合もあります。人から具体的に手本を見せてもらっていたり、他者の気持ちがわかる才能が特別に備わっていたりする場合などです。けれど、もっともよく人間を知る人とは、確実に、身をもって困難の克服を味わったことのある人でしょう。「悔い改める罪人」は現代でも、あらゆる宗教の発展の時代でも最高の価値を認められ、あまたの心の正しい人よりも優れているとされるようです。その理由を考えたときに出てくる答えは、人生の困難から立ちあがって泥沼からはいだした人、困難をすべて乗り越えて立ちあがる力を見つけた人は、人生のよい面もわるい面も一番よく知っているに違いないということです。人間を知る学問で「悔い改める罪人」に並ぶ人はいません。とくに、よい面しか知らない人はかないません。

人間の精神について知ると、自ずとやるべきことが見えてきます。要するに、人間の型、パターンが人生に適していないと判明するときにはそれを打ち壊し、人生の道を迷わせる視点を除くのです。そして、他の人と生きて幸せになる可能性により適した視点をすすめ、哲学で言うところの思考の節約、いえ、不遜にならないためにやはり型という言葉を使いますが、他の人と生きる共同体感覚が中心となる型をすすめることです。

わたしたちは精神の成長の理想形を得ようとしているわけではありません。けれど、こうした視点があるだけでも、迷う人や誤る人にとって大きな助けになるのはわかるでしょう。間違えたときに、どの方向に進んで誤ったのか、きっと感じられるからです。そう考えると、人間に起こる出来事はすべて原因と結果が積み重なって決まると考える厳格な決定論者も、あながちわるくはありません。もし人間のなかにある力や動機が活発になることで、**自分を知り**、自分のなかでなにが起きているか、それはどこから生じているかを理解するようになれば、**因果関係**はまったく変わり、体験の影響がまったく別のものになることは確実だからです。その人は別人になり、その自分を手放すことはもう決してないでしょう。

第一章　いつ人間の本性はつくられたのか

動物と植物を隔てるもの

　精神があるというのは、そもそも、**動くことができて**生きている有機体にだけ言える状態です。精神は自由な動きと強く関係しています。地に深く根を張る有機体には、生活のうちの精神的な面である精神生活はほぼありませんし、不必要でもあるでしょう。根を張る植物に感情や思考を期待する恐ろしさを考えてみてください。まったく動けないまま、事前にわかっているのに逃げられない痛みを待ちうけなければならないのです。あるいは、植物に理性や自由意思があると言うなら、その意思を用いることは最初から不可能です。植物の意思や理性は永久に実らないでしょう。

こう考えると、精神生活がないことで植物と動物をはっきり区別できるとわかります。そして、**動きと精神生活の関連**に大きな意味があることがにわかに見えてきます。ここからはほかにもいくつかのことがわかります。まず精神生活の現象では、動きに関係するすべてを把握する必要があること、動くことがすでに難しい場合があること、精神生活は、人生で実際に動くのに役立つように、先を読み、経験を集め、記憶を作っていくためにあるということです。

ですからまず、精神生活の成長は動きと結びついていると言えます。精神活動のあらゆる面が育つには、生物が自由に動けることが欠かせないのです。なぜなら、こうした動きが刺激となって、精神生活の絶え間のない強化がうながされ、また求められるからです。もしだれかに動きを禁じられたらどうなるでしょう。その人の精神生活は静止してしまうはずです。「自由だけが偉人を生み、強制は人を殺しゆがめる」のです。

人間の長所と短所はどう育つのか

以上のように考えて精神生活の機能を眺めると、1つの生まれつきの能力を育てていることがわかります。個人の状況により攻撃と防御のどちらが求められるか、それに応じて精神器官を**攻撃器官や、防衛・防御・防護の器官**にする能力です。つまり、精神生活というのは攻撃と防御の双方に備える手段であり、世界に反応して個人の存続と成長を確保する手段と考えられます。この条件を把握しておけば、わたしたちが精神と考えるものを理解するために重要な条件もわかります。それは、**孤立した精神生活は想像できない**ということです。精神生活は周囲のすべてとつながり、外界の刺激を受けてなんらかの反応を示します。そこには、環境に対抗して、または環境と連携して個人を守り生命を確保するのに必要な能力と力があります。

　こうして見えてくる関連は多様です。まず個人そのもの、つまり人間の独自性や身体性、長所や短所に関連します。ただし、長所や短所というのは相対的な考えです。なんらかの能力や身体器官が長所なのか短所なのかは、人によってまったく異なるからです。長所も短所も、個人がどのような状況にあるかで決まってきます。

　人間の足は、ある意味で退化した手と言われています。この足は木に登る動物などには大きなマイナスでしょうが、地上を移動する人間には大きな利点です。足の代わりにふつうの手がほしいと思う人はいないでしょう。だいたいからして劣った部分とは、個人の人生においても、あらゆる民族の人生においても、つねに短所であるというまったくの負担のように見るべきものではありません。劣った部分が短所になるかは状況によって決まってくるのです。また、人間の精神生活は、昼と夜の転換、太陽の絶対的な影響、原子の運動といった**広大な自然の要求**にも関係しています。この関係についても、はてしなく広い領域を観察する必要があるでしょう。自然の影響もわたしたちの精神生活に深くつながっています。

人間の性格はいつつくられるのか

精神の動きで最初にわかるのは、目標に向かって進む動きがあるということです。ですから、人間の精神を静止した1つの全体のように思うのは誤りなのです。それぞれに動く力が、一貫した同じ理由から生まれ、一貫した目標を目指すのだと考える以外にありません。「適応する」という概念にはすでに目標の追求の要素が含まれています。目標のない精神生活は考えられません。精神生活のなかにある動きや活力が向かう先には目標があります。

つまり、人間の精神生活は目標によって決まるのです。考えるにしても、感じるにしても、望むにしても、そして夢を見るにしても、ぼんやりと浮かぶ目標によって決められ、条件がつけられ、制限され、方向が定められるのです。これは、個人の要求や外界の要求、また要求に対して返す必要のある答えと関連して、ほぼ自然に行われます。人間の身体や精神の現象は、この基本的見解と符合しています。精神はこうした枠にはまって展開し、力の作用から自然と生まれてただよう目標へ向かうとしか考えられません。その目標は変わることも、固定していることもあります。

ですから、精神の現象はすべて、これから起こることに対する準備のようにとらえることができます。精神器官にはまず目標があるとしか思えません。**個人心理学**では、精神の現象はすべて、目標に向けられているととらえます。

ある人の目標を把握し、世間のこともある程度知っていれば、その人が現す動きがなにを意味しているかもわかります。目的に対する準備ととらえることができます。すると、目標を達成するために、その人がどのような動きをするかもわかります。石を落としたときの軌跡が想定されるのと同じようにわかるのです。

ただし、精神には石の落下のような自然法則などありません。ぼんやりと浮かぶ目標は定まったものではなく、変わることもあるからです。ところが、人がなにか目標を思い浮かべると、まるで従わなければならない自然法則が働いているかのように、精神は強制的に動かされます。これは精神生活に自然法則があるということではなく、人間が自分で法則を作っているということです。自分で作った法則を自然法則のように思っているのなら、それは認識をごまかしていることになります。法則は変わらない決まったものだと証明しようとするとき、人は自分でそのように事態を仕向けます。たとえば、ぼんやりと浮かぶ像に従おうとする人には、具体的にその目標に向かう人と同じふるまいが見られます。まるで自然法則があるかのように、目標を実現する手順が徹底的に一貫してとられるでしょう。けれど、本当にその像を形にする必要があるのでしょうか?

要するに、自然の運動と、人間の精神生活における動きには違いがあるのです。ここに関連してくるのが、人間の意志には自由があるかという争点です。この点については現在、人間の意志は自由でないと言われているようです。

けれど正しく言えば、意志は目標と結びつくと自由でなくなります。目標はたいてい、宇宙的、生物的、社会的な制約から生まれてくるため、精神生活が絶対に変わらない法則に従っているように見えてしまうのです。でも、たとえば、人が共同体とのつながりを否定して封じ込め、事実に適応しようとしない場合、精神生活のうわべの法則性はすべて打ち捨てられ、新しい目標による新しい法則性が登場します。同じように、人生に絶望して他者と生きる感覚を消し去ろうとする人には、共同体の原則は効力のあるものでなくなります。ですから、まず目標が立てられ、そこから必然的に精神生活の動きが起こるということをしっかり頭に入れておかなければなりません。

反対に、人間の動きから、ぼんやりと浮かぶ目標を推し量ることができます。多くの人は目標を自覚していないので、こちらの手法のほうが重要になるでしょう。実際これは、わたしたちが人間の本性への理解を育てるために必ずとるべき手法です。動きはさまざまな解釈が可能ですから、目標がわかっている場合ほど簡単ではありません。けれど、人の動きをいくつかとりあげて比較し、線でつなげることはできます。

人生の異なる時点の態度や表現の形式を線でつないでいけば、その人を理解することはできるのです。一定の道筋が見えてきて、それをたどると、**方向性が一貫している**という印象が得られます。そして、幼いころの型が、ときに驚くような形で、大きくなってからも見られることが発見できるのです。例をあげるとわかるでしょう。

婚約解消を恐れる男性の子ども時代

30歳の非常に勤勉な男性は、育ちに難しいところがありながらも、名声を得て成功していました。医者を訪ねたときにはひどいうつ状態で、働くことにも生きることにも気力を失ったと訴えていました。もうすぐ婚約するけれど、この先うまくいくとは思えないと言います。激しい嫉妬にとらわれ、じきに婚約解消となる恐れがあるとのことでした。男性が語る事実は、必ずしも確かなものではありません。相手の女性にはやましいことなどありませんでした。男性が見せた奇妙な不信感からは、1つのことが強く疑われます。相手に向きあい、魅力を感じながらも、攻撃態勢をとって、これから築いていくものを不信感のために壊す多くの人の1人なのではないかという疑いです。この疑いを線でつなぐため、彼の人生から1つの出来事を抜きだして、いまの態度と比べてみましょう。

これまでの経験から、わたしたちはいつも患者が人生で最初に受けた印象へとさかのぼります。ただし、わたしたちが聞く話が客観的に確かめられる話であるとは限らないことは承知しています。男性の最初の思い出は、次のようなものでした。彼は母親と弟とともに市場にいました。ひどく混んでいたので、母親は兄である彼を抱きあげました。けれど間違いに気づくと、彼をおろして弟を抱きあげたのです。彼は悲しい気持ちでその横をついていきました。4歳のときのことです。ここで気づくのは、男性がこの記憶を思い返すときと、自分の苦悩を語るときには似たような響きがあることです。つまり、男性は自分が優先して選ばれると確信できず、別の人が選ばれる可能性を考えずにはいられないのです。この状況を伝えると、男性はとても驚きながらも、最初の思い出との関連をすぐに認めました。

なぜ引っ込み思案になるのか

人間が表現するすべての動きは、目標に向かっているものだと考える必要がありますが、この目標は、外界から子どもに伝わる印象に影響されてできあがります。理想像である目標は、すでに人生の最初の数カ月で作られています。なぜならそのころにはもう、子どもが喜びをもって、あるいは不快を感じて反応する印象が存在しているからです。たとえごく単純な形にすぎなくても、世界観の最初の痕跡が現れるのです。

ですから、精神生活でわたしたちがアクセスできる要素の大本は、乳児期にすでにあると言えます。こうした土台はどんどん強化されますが、変化したり、他からの影響を受けたりします。きわめて多様に作用して、なんらかの態度をとって人生の要求に応えるよう強いるのです。

そう考えると、人の性格がもう乳児期に認められたと強調する研究者が間違っているとは言えません。性格は生まれつきだと主張する人はたくさんいます。けれど、性格は親からの遺伝だという考えは社会の害になると指摘できます。この考えは教育者が確信をもって課題にとりくむのを妨げるからです。性格の遺伝などという考えが信じられる背景には、たいてい、教育者はわるくない、責任はないと示すために利用しているという状況があります。もちろんこれは教育の課題に反することです。

目標が作られるときの大事な条件には、**文化**も影響しています。文化によって、いわば囲いが作られ、子どもの力は何度もそこにぶつかります。そして、通れそうに見える道、願望をかなえてくれそうな道、未来のための安全確保と適応が望めそうな道を見つけていきます。子どもがどれほど強い安全を求めるか、文化に献身することでどれほど安全を確保するかはすぐにわかります。これは単に危険からの保護だけではありません。よくできた機械のように安全率を高めに設定して、人間という有機体をよりよく維持していこうということなのです。そのために子どもは適切な程度を超え、そのままのおだやかな成長に必要な程度以上に、安全の確保、欲求の充足、プラスを求めます。けれど、こうして求めることで、精神生活には新しい動きが生まれます。ここで見られる動きのラインは、明らかに不遜なものです。子どもは大人と同じように人より多くを得ようとし、優越を目指します。優越によって、最初から目標だった安全と適応を手に入れようとするのです。すると、精神生活にざわざわと波が立ち、ざわめきはどんどん増していきます。宇宙の作用でいっそうの反応が求められると考えればいいでしょう。あるいは、苦境のときに精神が不安になって自分には課題を解決する力がないと思えば、やはり意識にずれが生じて、優越を求める様子がよりはっきりと現れてきます。

その際、個人が比較的大きな困難を**回避**して逃れようとする形で目標を決めることがあります。このタイプの人には、わたしたちが知っているもっとも人間らしい要素があります。つまり、困難を前にして後ずさるか、自分に向けられる要求を一時的にでもはねつけるために逃げ場を探すのです。ここからわかるのは、**人間の精神の反応は深く考えて確定したものではない**こと、反応はいつも一時的な答えでしかなく、完全な正しさを求めるものではないということです。とくに、大人のものさしで測れない子どもの精神の展開では、わたしたちが目にするのは一時的な目標ばかりだということを頭に入れておく必要があります。子どもと並んで先を見て、精神に働く力が子どもをどこへ運ぼうとしているかを想像しなければなりません。自分を子どもの精神にそわせれば、子どもが力を働かせているということは、最終的には現状や未来に適応することを意識のなかで多少なりとも決心したということがわかります。これに関連して、子どもは気分の状態を2つの方向で示します。1つが**楽観主義**で、子どもは課題が生じても円滑に解決できると信じています。このとき子どもは、課題を解決できると思う人間に見られる性格を自分のなかに育てます。勇気、開放性、信頼、勤勉さなどが育つのです。この逆が、**悲観主義**の性格です。

課題を解決できると思わない子どもの目標を考えれば、こうした子どもの精神がどのような状態なのかも想像できます。そこに見られるのは、気弱、引っ込み思案、閉鎖性、不信など、自分を守ろうとする人がもつ性格です。子どもの目標は達成できる範囲を外れて、人生の前面から遠く退くことになります。

第二章　なぜ人間は集い群れるのか

影響を与え続けるもの

　1人の人間のなかでなにが起きているかを理解するには、周囲に対するその人の態度を観察する必要があります。人と人との関係は、ある面では運命的に与えられ変化していくものであり、またある面では、計画を立てることができるものでもあります。計画的な人間関係はとくに、政治に関わる部分、社会構成、公共体で見られます。これらの関連を同時に検討しなければ、人間の精神生活は理解できません。

　人間の精神生活は、意のままにできるものではなく、環境などから設定される課題につねに直面しています。こうした課題はすべて、**人間の共生という当然の論理**とわかちがたく結びついています。これは、人生の主要条件の1つで、個人に絶え間なく影響を与えながらも、個人からの影響は少ししか受けつけません。人間の共生の条件は、数が多すぎて完全に把握することができないうえに、いくらか変化します。この点を考えると、眼前の精神生活の暗がりを完全に明らかにすることはほぼできないとわかります。自分の環境から距離をおくほど、これは難しくなります。

ただし、人間を知るための基本事実として、人が集まるとルールが生まれるということは想定しておく必要があります。集団のルールは、この世界で制限を受けながら人間の身体と働きをなんとか適応させるときに自ずと明らかになります。こうしたルールを**絶対の真理**のように想定しておかなければなりません。わたしたちは誤りを克服しながらゆっくりと絶対の真理に近づいていくしかないのです。

この基本事実の重要な部分は、マルクスとエンゲルスの唱えた唯物論的歴史観のなかにはっきりと現れています。2人の論では、経済的な基盤や、国民が生活費を得るための技術が、「イデオロギー的上部構造」、つまり人間の思考や行動を決めています。ここまでは、「人間の共生という論理」や「絶対の真理」が影響を与えるというわたしたちの見解と同じです。

けれど、歴史からわかるのは、また、個々の人生に対するわたしたちの洞察、**個人心理学**からわかるのは、人間の精神生活は経済的な刺激に誤った反応をしがちで、その誤りから逃れるには時間がかかるということです。「絶対の真理」へ向かうわたしたちの道は、多くの誤りの先へと続いています。

なぜ人は集うのか

共生が求められることは、そもそも、家を建てて寒さから身を守るなど、天候の影響で人間に必要になることと同じくらい当然のことです。

共生の強制は（より理解しにくい形であったとしても）**宗教**にも見られます。宗教では、理解可能な思考よりも、社会という形式をあがめることで共同体をまとめます。人生の条件は、宗教の場合は宇宙や世界による制約を受けるとするなら、思考によって生きる場合は社会による制約を受けます。人間の共生や、そこから自ずと生じるルールや法則性が人生の条件となるのです。共生を求められて、人は関係を作ります。人と人の交わりは最初から当然のこととして、「絶対の真理」として存在しています。人間が個々に生きるようになる以前に共同体があったからです。人間の文化の歴史に、社会的でなかった生活はありません。人間が存在するところには必ず社会があるのです。これは簡単に説明できます。動物界全体の法則、基本性質として、自然に立ち向かえる能力を示せない種は、まず連携して力を集め直してから、改めて独自の方法で外界に向かいます。連携は人類にとっても有効なため、人間の精神器官には、共同体で生きる条件がいくつもたたき込まれました。すでにダーウィンが、単体で生きる弱い動物は見つからないと指摘しています。そしてこれは、人間にはとくに言えることだと考えなければなりません。人間は1人で生きられるほど強くはないからです。

わずかしか自然に抵抗できない人間は、生活をして自己を維持するためにほかの動物よりも補助具を必要とします。文化の補助具もなく、1人でジャングルに立つ人の状況を想像してください。どんな生き物よりもはるかに危険にさらされているように見えるでしょう。その状況で、戦って身を守るための速く走れる足もなく、動物のような強靱な筋力もなく、肉食獣のような牙も、優れた聴覚や視覚もないのです。まず生きる権利を確保し、破滅から身を守るために、途方もない労力が必要です。食事は独特ですし、生活にはしっかりとした安全の確保が必要なのです。

条件が非常にいいときにだけ、人間が生きてこられたことがわかるでしょう。けれど、こうした好条件は、集団で暮らすことでやっと手に入ったのです。共生の必要性が判明したのは、個人が果たすべき課題を**分業**という形でなら達成することができたからです。分業することでのみ、攻撃や防御の武器など、身を守るのに必要なすべてのものが調達できました。これがいま**文化**という言葉でまとめられているものです。子どもがどれほどの困難のもとに生まれてくるか、想像してみましょう。個人がどんなに手を尽くしても足りないくらいの労力が、分業がなければ不可能なくらいの労力が必要になるか、とくに乳児期にはどれほど人間が病気になりやすく弱いか（動物より病気になりやすい）、思い描いてみましょう。すると、人間の社会をたしかに存続させるには、とてつもなく手がかかることがわかります。そして、共生の必要性がはっきりと感じられます。

人は安全をどう手にいれる

ここまでの内容から認めざるを得ないのは、自然という観点から見ると、人間は劣った存在だということです。けれど、**人間に備わったこの劣等、自分に足りない部分があって安心できないと感じさせるこの劣等は、ずっと続く刺激として働きます。**人生に適応し、**将来**

の準備をし、自然における人間の立場のデメリットを補う状況を作っていく刺激になります。適応や安全確保ができたのも、精神器官があったからです。動物に近かったころの人間は、進化して、角や爪や牙のような、敵対する自然に抵抗するパーツをもつほうがずっと難しかったのではないでしょうか。実際にすばやく人間を助けたのは精神器官以外になく、生命体として劣った部分を補ってくれました。そして、自分は不十分だという絶え間のない感覚から生まれる刺激があったからこそ、人間は**将来を予測する目**を発展させ、思考をつかさどる器官、感情をつかさどる器官、行動をつかさどる器官として、現在見られるような精神を育てたのです。精神器官に助けられたり適応を目指したりするときには、社会も重要な役割を果たすため、共同体で生きる条件が最初から考慮される必要がありました。精神器官の機能はすべて、社会生活を土台として育てられています。人間のどんな思考も、共同体に合うようなものでなくてはなりませんでした。

進歩の過程を想像すると、共生という**論理**の起源に行きつきます。この論理は、だれにでも通じる普遍妥当性を求めます。**普遍妥当性のあるものだけが、道理に合うのです。**共生の明らかな結果は、**言語**にも見られます。言語はあらゆる生物のなかで人間を際立たせる奇跡的な成果です。言語という現象は、みんなに通じるという普遍妥当性を抜きに考えることができません。これは、言語が人間の社会生活のなかで生まれたことを示しています。言語は単体で生きる存在にはまったくいらないものです。人間が共に生きることを想定していて、共生から生まれながら、同時に共生をつなぎとめるものです。この関連を強く証明する一例として、他者とつながることが難しい状況で育った人、自らつながりを拒む人は、ほとんど決まって言葉や言語力の不足に悩まされることがあげられます。まるで、他者としっかり接触したときにだけ、言葉のつながりが作られ、維持されるかのようです。精神生活の成長に対して、言語には大変に深い意味があります。論理的な思考は言葉がなければできません。言葉が概念を作ることができるから、わたしたちは物事を区別し、自分だけでなくみんなで共有できる概念を創出できるのです。

わたしたちの思考や感情も、前提として普遍妥当性がある場合にだけ理解できるものになります。美しいものに対して感じる喜びも、美と善の感覚や評価も、みんなで共有されなければならないことを理解したときだけ成り立ちます。こう考えると、理性、道理、倫理、美的感覚といった概念は、人間の社会生活のなかでしか生まれないこと、そして同時に文化を崩壊から守るつなぎの役割もしていることがわかります。

個々の人間の状況を見れば、その人がなにをしようとしているかも理解できます。**意志**とはまさに、不足感から充足感へ向かう動きです。この動きのラインをぼんやりと感じて足を進めることが、「なにかをしようとする思い」なのです。どんな思いも、不足感や劣等感から始まっています。そして、満たされた完全な状態を目指す傾向を作っていきます。

共同体に生きる人々

ここまでで、人類の存続を確保するために必要だったルール、教育、迷信、トーテムとタブー※訳注、法規は、まず共同体の理念に合っていなければならなかったとわかりました。その様子は宗教の制度にも見られました。共生の要求は精神器官の重要な機能であること、個人の人生でも社会全般でも共生が求められることを目にしました。わたしたちが**正当**とするもの、人間の性格で長所と見なすものは、基本的に、人間の共生から起こる要求を満たしています。共生の要求が精神器官を形作ってきたのです。

　ですから、信頼、誠実、率直、うそのなさなどは、共同体という普遍妥当の原則によって作られ、維持されている要求なのです。わたしたちが言うよい性格、わるい性格は、共同体の観点からしか判断できません。学問、政治、芸術の業績と同じように、性格も社会にとって価値のある場合にだけ、すばらしく、尊いと証明されます。個々を測る基準になる**理想像**は、社会にとっての価値や利得を考慮した場合にのみ成立します。わたしたちが個々を比較するときに用いるのは、共同体に生きる人間の理想像です。つまり、目の前の課題をだれにでも通じる普遍妥当な形で達成する人、また、**共同体感覚**を育て、教育学者フルトミュラーの言うところの「人間社会のルールに従う」人です。本書の章を進めていく過程で、意義深い人間になるには、共同体感覚を育てて十分に実行するしかないことが証明されるでしょう。

※訳注　1913年にジークムント・フロイトが同名の論文『トーテムとタブー』を発表しています。

第三章　何が子どもの性格をつくるのか

人間のタイプは幼児期に決まる

共同体は多くのことを要求し、わたしたちの人生のあらゆる決まりや形式、そして思考器官の成長にも影響を与えます。共同体の土台には身体器官も関わります。

人間に2つの性があることに、人がつながって生きることがすでに現れています。他者と生きるからこそ、個々の生きる意欲は満たされ、安全と生きる喜びが保証されます。孤立していては不可能です。子どもの成長が遅いことを考えると、守ってくれる共同体があったときにだけ、人間は生きてこられたことがわかります。また、他者とのつながりは、必然的に**分業**を生みだしました。分業は人をわけるものではなく、結びつけるものです。だれもが他者を助けなければなりませんし、他者とつながっていると感じる必要があります。そうすることで、人間の精神に求められる大きな結びつきが成り立つのです。子どものころから目にするこうしたつながりを、いくつか見ていきましょう。

共同体の助けを強く必要とする子どもは、環境から与えられ、同時に求められるようになります。自分の欲求に従う子どもは、なんらかの困難に直面し、その克服に苦しみます。そしてじきに、自分が子どもであることで苦しみが生まれていると気づくのです。子どもは将来を予測できるような精神器官を身につけていきます。支障なく欲求を満たし、それなりの人生が送れそうな方向性を探っていきます。

子どもは、自分よりもずっと楽に欲求を満たす人がいること、つまり自分よりも優れた人の存在に必ず気づきます。そのため、ドアを開けられる背の高さ、物をもちあげられる力、命令して相手を従わせられる立場を評価するようになります。子どもの精神には、他者と同じか、他者よりも強くなりたいという思いがわきあがります。また、子どもが従うのが当然のように接してくる身近な人たちを超えたいと切望します。けれど、こうした大人は子どもが弱さを見せると折れるので、子どものとる作戦は２つにわかれます。子どもから見た大人の権力のふるい方を採用して自分の意志を押しとおすか、相手が折れずにはいられないような弱さを見せるのです。精神の動きがこうして2つの方向に分岐する様子は、子どもたちにたびたび見られます。この分岐で人間のタイプが作られはじめます。一方は承認を求め、力を得て実行する方向に進みますが、もう一方は自分の弱さを計算に入れて、さまざまな形で提示するように見えます。それぞれの態度や表現や目つきがどうだったかを考えれば、どちらかのタイプに振りわけられる子どもが見つかるはずです。こうしたタイプわけは、子どもと環境の関係を理解してはじめて意味をなします。子どもの動きもたいてい環境と関係しています。

こうした単純な条件、つまり、弱さを克服しようとする子どもの努力は、多くの能力を伸ばす刺激にもなるのですが、その子を**教育できるか**という問題とも関わってきます。子どもの状況はきわめて多様です。環境が敵対的な印象を与える場合もあります。つまり、世界は敵対的だと子どもが思ってしまうのです。

こう考えてしまうのは、思考器官がまだ十分ではないからです。教育によって手を打たなければ、子どもの精神は、のちに外界を敵対の場としか見ないような育ち方をしかねません。やや大きな困難に出くわすと、敵対の印象はすぐに強まります。これはとくに身体器官に問題のある子どもに生じます。彼らは、器官にそれほど問題がなく生まれた子どもたちとは異なる形で環境を感じとります。**器官の劣等**は、低い運動能力、個々の器官の欠陥、抵抗力の弱さとなって現れてくるので、子どもは何倍も病気にかかりやすくなります。

とはいえ、困難の原因が不完全な身体ばかりにあるとは限りません。理解のない環境から厳しい課題を与えられることが原因となっている場合も、むやみに課題が与えられることもあります。要するに、子どもの環境が不十分なために、外界の困難が増すのです。環境に適応しようとする子どもは、適応を妨げるバリアに突きあたってしまいます。たとえば、勇気を欠いた悲観的な人たちに囲まれて育った場合がそうで、子どもも簡単に悲観主義になります。

身体的困難をかかえた子どもの苦しさ

子どもはさまざまな面から、さまざまな理由で困難に直面します。子どもの精神生活は成長する機会がまだあまりありません。であるなら、外界の避けられない条件に向きあわざるを得ないとき、子どもが誤った応答をすることを想定しておかなければなりません。多くの

誤りを見渡せば、それは一生続く精神生活の成長であって、前進してより正しい答えを返そうとしていることがわかります。子どもが表現する動きのなかでとくに目に留めるべきことは、成長と成熟の途中にある人間が特定の状況で返す答えの形です。どう答えるか、どういう態度をとるかは、精神の様子を知る手がかりになります。そのときに忘れてはいけないのは、**1人の人間が表現する形を**（また集団の場合も）、**無造作にパターン化して判断してはいけない**ということです。

子どもは内面を成長させる過程で困難と闘いますが、たいていはごく不十分な形でしか共同体感覚を育てることができません。こうした困難は2つにわけることができます。1つは、文化が不十分であることから生じる困難で、家族や子どもの経済状況に現れます。もう1つは、身体器官の欠陥から生じる困難です。

世界はそもそも、完全な器官の持ち主だけを対象に作られています。子どもをとりまく文化はすべて、完全に育った器官の力や健康を想定しているため、重要な器官に欠陥があるせいで人生の要求に応えられない子どもができてしまうのです。たとえば、歩きだすのが遅い子や運動全般が難しい子、話しだすのが遅い子、わたしたちの文化が想定する子どもより脳の活動の成長が遅くてなかなかうまくやれない子などです。すでに知られているとおり、こうした子どもは何度も壁に当たり、対処に時間をとられ、心身ともに苦しみます。自分たちのためには作られていない世界と快適な関係をもてないことは明らかです。発育不全が原因となる困難はとてもよく見られます。時間がたつうちに、自然と埋め合わせが行われ、あとに害も残らないことはあるでしょう。ただしそれは、苦しい思いが沈殿していない場合です。こうした子どもは精神的な危機に苦しんで育ち、たいていは経済的にも困窮しています。沈殿した苦しい思いは、成長してから感じられるようになることがよくあります。彼らが人間社会の絶対的なルールになかなか従えないことは簡単にわかるでしょう。彼らは自分のまわりで展開する世界の動きを不信の目で見て、すぐに孤立し、課題から逃れようとします。

人生の敵意をするどく感じとって誇張します。人生のよい面よりもわるい面にずっと関心を示します。多くの場合、どちらの面も過剰に感じとるため、生涯ずっと闘う姿勢を崩さず、強く注目されることを求めて、他者より自分のことを考える傾向があります。人生の要求を刺激というよりも困難ととらえ、闘う存在として過剰に用心しながらすべての体験に対峙するため、周囲とのあいだには深い隔たりができます。真実や事実からどんどん離れていき、何度も困難におちいるのです。

愛を知らずに育った子どもの末路

家族の愛情がある程度を**下回る**場合、同じような困難が生じることがあります。この状況も子どもの成長にとって重大な結果をもたらします。愛情を知らず、その用い方がわからないことで、子どもの態度は影響を受けます。人を愛する欲求が育たないのです。この欲求が家庭のなかで発揮されなければ、そうした環境で育った人に、大きくなってから愛情の活発なやりとりをうながすことは難しくなります。

愛に満ちた気持ちや関係をつねに避けるようになるのです。親や教育者などの周囲がなんらかの教育信条をもちだして、愛情を意味のないこと、滑稽なことと感じるように働きかけている場合も同じ影響があります。愛情が滑稽な印象になるように、子どもが導かれていることは少なくありません。これはとくに、よくあざけりの対象にされる子どもに起こります。彼らは**感情に臆病になっている**ので、他者への優しい気持ちも愛情も、滑稽で、**男らしくなくて**、他者に従わせられ、軽んじられることになる感情ととらえます。こうした人は、子どものころからすでに、将来のあらゆる愛情の関係に対して一線を引いています。**愛情の欠如**はだいたいにおいて**厳しい教育**につながり、優しい気持ちはすべて無視されます。すると、子どもは優しい気持ちを封じ込め、いら立ち、すねて、周囲の小さな輪から外れていくようになります。けれど、優しい気持ちを得て、精神生活にとりこんでいくことは、本当はとても重要なのです。

つながりをもてる人が周囲に１人でもいれば、その人ととくに濃い関係を作りあげます。そしてたいてい、１人の人としか関係を築けず、それ以外の人とはつながれなくなるのです。先にあげた例、母親の愛情が弟に向いていることに気づいて傷つき、幼いころから手に入らなかった温かい感情を求めてさまよった男性の例は、こうした人が人生で出合う困難を示しています。

ここまでが、ある種の圧力を受けて教育された人のタイプです。

甘やかされた子どもの弱さ

失敗はまったく反対の方向でも起こります。特別な優しさをともなって教育が行われ、子どもが**甘やかされる**ことで、人を愛する欲求が限度を超えて発達した場合です。子どもはごく限られた人と密接に結びつき、相手から離れようとしなくなります。子どもの愛情はさまざまな誤りによってあおられるので、子どもは自分が愛したら相手にはなんらかの義務が生じると考えます。たとえば、大人が「わたしはおまえが大好きだよ。だからこれをしないとだめだよ」などと言う場合、子どもも同じような考えを簡単にもちます。家庭内にこの種の考えが根づいていることはよくあります。

こうした子どもは、他者のやり方にすぐに気づいて利用します。同じ手段で、今度は自分の愛情につりあうように相手を従属させようとするのです。家族の1人に対するひいきには、いつも注意しなくてはいけません。こうした偏った教育は、人間の運命にマイナスの影響を与えます。そのときに起こることはいろいろあります。たとえば、相手の愛情が離れないようにきわどい手段に出て、ライバル（たいていはきょうだい）をおとしめようと、わるい行いを暴いたり、わるいことをするよう、そっとうながしたりするかもしれません。とにかく親の愛情を浴びるために手を打つのです。もしくは、親に負担をかけてなんとか注意を引こうとしたり、あらゆる手段をとって前に出て、きょうだいよりも重視されようとしたりします。もっとかまってもらうために怠惰になったり態度がわるくなったりすることもあれば、他者からの注目を報酬のように受けとるために行儀よくなることもあります。

子どもの人生でとられるこの種のプロセスからは、精神生活でひとたび方向が決まれば、あらゆることが手段になることがはっきりとわかります。目標を達成するためにわるい面へ向かって成長することも、同じ目標をかかえてとても行儀よくなることもあるのです。荒々しいふるまいで注意を引こうとする様子や、狡猾にしろそうでないにしろ、よい子になって注目を求める様子はよく見られます。

甘やかされた子どものグループには、ほかにも、あらゆる困難を片づけてもらい、風変わりなところも苦笑いで受け入れられ、なにをしてもたいした反対もなく許される子どももいます。こうした子どもには、今後の人生に欠かせないトレーニングをしておく機会がありません。つまり、他者と正しい方法でつながる努力をし、実行する練習をしていないのです。これは相手につながる意欲がある場合でもそうです。ましてや、相手も子ども時代の困難で迷い、人とつながることが難しくなっている場合はなおさらです。

甘やかされた子どもは困難の克服を練習する機会を与えられていないので、その後の人生に対する準備がほぼできていません。温かい雰囲気の小さな領域から出て人生に向きあえば、ほぼ決まって反動を受けます。そこには、ひどく甘い親のように、過剰に義務を果たしてくれる人はいません。

この種の現象ではどれも、子どもは多少なりとも**孤立**します。たとえば、消化器に欠陥のある子どもは食事の仕方が違ってくるため、消化器が正常な子どもとは異なる成長をする可能性があります。器官に劣等がある子どもは、特殊な生き方を示して、徐々に孤立していきます。こうした子どもは周囲とのつながりをあまりはっきりとは感じず、場合によっては拒絶します。仲間を見つけられず、同年代の子どもと遊ばず、うらやましそうに眺めるか、見下すようにして1人で静かに遊びます。ひどく厳しくされるなど、教育で強い圧力を受けて育った子どもも、孤立する恐れがあります。彼らにとっても人生にはよいイメージはありません。くりかえし、いたるところで、わるい印象を受けると予測しているからです。彼らは自分のことを、すべての困難をおとなしく受け入れて耐え忍ぶ人か、敵と思った周囲をいつでも攻撃する用意のある戦士だと感じています。

そして、自分の人生や課題は特別に困難だと思っています。ですから、破綻が起きないように注意しながら自分の境界を守ろうとし、いつも不信の目で周囲を見ているのです。過剰に用心して苦しみながらも、やや大きな困難や危険を察知する傾向を育て、軽はずみに敗北の運命に身をさらしたりはしません。こうした子どもに共通するもう1つの特徴、そして共同体感覚があまり育っていないことをよく表す特徴は、他者よりも自分のことを考えるという点です。この特徴ははっきりと見られます。全体的に世界を悲観的に見る傾向があり、誤った人生の型から解放されなければ、人生を楽しめなくなっています。

幼児のふるまいが意味するもの

ここまでで、個人の性格を明らかにできるのは、その人の状況を見つめて判断し、理解した場合だけだということを示してきました。わたしたちが言う状況とは、世界におけるその人の立ち位置、身近な周囲への態度、そして仕事・人とのつながり・周囲との関係などの絶えず出くわす課題への態度です。その過程で、環境が人に与える印象が、人生に対する乳児の態度、のちに子どもや大人になってからの態度に深い影響を与えることが確かめられました。生まれて何カ月かですでに、子どもが人生に対してどうふるまうかが確認できるのです。人生への態度に関して、２人の乳児をひとくくりにするようなことはもうできません。

だれもがはっきりとしたタイプを示し、その個性はどんどん明確になって、一度備わった方向性が失われることはないからです。子どもの精神で育つものは、社会との関係によって強化されていきます。最初は生まれつきの共同体感覚が姿を見せ、身体器官の制約を受けながら愛情が育ち、子どもは大人に寄りそうようになります。他者に愛情を向けようとする様子が必ず観察されるのです（フロイトが言うように、自分に向けてではありません）。これにはさまざまな段階があり、人によっても異なります。2歳以上の子どもでは、この違いが言葉にも現れます。他者と結びつく感覚、他者と生きる共同体感覚は子どもの精神に根を張っていて、精神生活がひどく病んで乱れたときにだけ失われます。共同体感覚は、ぼやけたり、制限されたりしながらも一生ずっと存在しつづけます。順調なときには、家族だけでなく、種族や民族、人類全体にまで広く向けられます。こうした境界を越えて、動植物や無生物、さらには宇宙まで拡大することもあります。

人間を理解しようと目指すうちに、わたしたちは助けとなる重要な視点を得られました。それは、**人間を社会的な存在として見なければならない**ことです。

第四章　何を子どもは空想するのか

子どもが歩きだすとき知ること

　環境に適応しなければならないわたしたちは、そこからいろいろな印象を受けます。また、精神のメカニズムには、必ず目標を追うという特徴があります。そう考えると、1人の人間の**世界観**や**人生を進む理想のライン**は、ごく幼いころから精神のなかに生まれていることがわかります。この世界観はぼんやりとしていて、言葉で言い表せるものではありません。けれど、なんとなくわかるような、理解できそうな領域、不足感とは逆の領域にただよっています。精神が働くのは、目標があるときだけです。

　すでに見てきたとおり、目標を定めるには、身体が動くこと、さらに言えば、自由に動くことが前提として必要になります。自由に動けることで大きなプラスがあることを軽視してはいけません。はじめて立ちあがった子どもはまったく新しい世界に踏みだし、どことなく敵対的な雰囲気を感じます。自分で立つ力のなかに、子どもは未来への希望が強まるのを感じます。はじめて動こうとするとき、とくに歩きだそうとするとき、どのくらい難しいかは人によってさまざまで、まったく困難でない場合もあります。

わたしたち大人にとってはささいなことに思えるこうした印象や出来事は、子どもの精神生活、ひいては世界観の形成にとてつもない影響を与えます。動くのが大変だった子どもは、一般的に、すばやい動きと結びついた理想像をかかげるようになります。これは、子どもに好きな遊びやなりたい職業を聞くと、すぐに判明することです。

答えが馬車の御者や電車の車掌などであれば、自由に動けない困難をすべて克服して、劣等感や不利な感覚をもたない立場になりたいと切望しているのでしょう。こうした感覚は、子どもの成長が遅かったり病気がちだったりした場合にとくに大きくなるものです。同じようによく目にするのは、視覚に問題があって世界を十分に認識できない子どもが、目に見えるものをもっとはっきりと把握しようと努力するケースです。聴覚が鋭敏な子どもが、好ましく聞こえる特定の音にだけ興味や理解を示して選り好みするケース、あるいは単純に、ベートーヴェンのように音楽の才能があるケースです。

子どもが環境を把握しようとするときに用いる器官のなかで、外界と密接に関係するのは感覚器官です。感覚器官は世界観を作るのに一役買います。なかでも特筆すべきは、外界に向きあう視覚です。人間に押し迫り、経験の中心となるのは、主として目に見える世界です。こうして作られる**視覚による世界観**は、特別に重要です。ほかの感覚器官と異なり、視覚はつねに存在して変わらない対象を扱うからです。

耳や鼻や舌、大部分の皮膚といった感覚器官は、たいてい一時的な刺激に頼っています。人によっては聴覚が優先されて、耳に聞こえるものを頼りにすることもあります**（聴覚タイプ）**。その次に多いのが、運動に特化した**運動タイプ**です。嗅覚や味覚が強い場合は、また別のタイプになります。とくに嗅覚タイプは、現在の文化のなかでは不利な状況にあると言えます。運動器官が重要な役割を果たす子どもはたくさんいます。一部の子どもは生まれつき活動的で、しじゅう動きまわり、成長してからも行動せずにはいられません。

筋肉を動かさなければできないことにばかり意識を向けるのです。この行動欲求は寝ているときでさえ休まらず、ベッドのなかを転げまわる様子がよく観察されます。こうした子どものなかには、「そわそわして落ち着きのない」子どもも含まれます。彼らの落ち着きのなさは、たいてい欠点と見なされます。与えられる印象や可能性から世界観を作りあげるため、目も耳も運動器官も使わずに人生に向きあう子どもはほぼいません。わたしたちが1人の人間を理解できるのは、その人がどの器官を使って人生にもっとも向かい合っているのかがわかった場合だけです。なぜなら、外界との関係は器官によって意味を増し、世界観の形成と子どものいのちの成長に影響を与えるからです。

何が世界観をつくるのか

精神器官の能力のなかで、世界観の形成に強く関係する特別な能力には共通点があります。能力の選択、精度、効果が、人がかかえる目標によって左右されるのです。これは、だれもが、人生、環境、出来事などの特定の部分だけを**ひときわ強く**認識することを考えればわかります。人間は目標に求められることだけを、目標が求める形で利用しているのです。そのため、世界観を把握する場合にも、その人のひそかな目標を読みとり、その人のすべてが目標の影響を受けていると理解することが欠かせません。

（a）**知覚**。感覚器官を通して外界から伝わる印象や刺激は、なんらかの痕跡を残す信号を脳に送ります。この痕跡から、**心象の世界**、そして**記憶の世界**がつくりあげられるのです。けれど、知覚はカメラのようなものではなく、そこには必ず人間の独自性がいくらか関わってきます。人は目にしたものすべてを知覚することはありません。もし同じ絵を目にした2人になにを見たかを尋ねたら、多様な答えが返ってくるはずです。つまり、子どもが環境から知覚するのは、これまでに作ってきた独自性に適合すると思えるものだけなのです。ですから、見たいという意欲の強い子どもの知覚は、おもに視覚的になります。

これは一番多い例です。おもに聴覚で世界観を作る子どももいます。すでにふれたとおり、こうした知覚は現実とそのまま同じではありません。人間は外界との接触を、独自性の要求に合わせて作りかえることができます。なにを知覚するか、どう知覚するかに、その人の独自性があるのです。知覚はただの物理的な事象に収まらない精神の機能です。人がなにをどのように知覚するか、その方法や状況を見れば、内面を深く読みとることができます。

（b）**記憶**。ここまでで、生まれつき備わった精神器官の成長には、行動の必要性と知覚の実態が関係していることが確かめられました。とにかく目標へ向かう傾向のある精神器官は、身体の運動能力と密接に結びついています。人間は外界とのあらゆる関係を精神器官のなかでまとめて整理しなければなりません。このとき精神器官は、適応の器官として、個人の安全確保に必要な能力、自分の存在に関わる能力を育てていくことになります。

ここでわかるのは、人生の課題に対して精神器官が返す独自の答えが、精神の成長に跡を残すということ、そして、適応していく流れによって記憶や価値判断の機能も作られるということです。人間は記憶があるからこそ、将来への準備ができます。すべての記憶は（無意識の）最終目標をかかえていて、わたしたちのなかにただ存在するのではなく、わたしたちに警告したり励ましたりします。隠された意図のない記憶はありません。記憶の意味は、その根底にある最終目標がわかったときにだけ判断できます。

重要なのは、**どうして**特定の出来事は覚えていて、ほかのことは覚えていないかという点です。わたしたちは精神が進む方向を維持するために重要で有用な出来事を覚えています。同じように、方向を維持するには忘れたほうがよいことを忘れています。つまり記憶も、ぼんやりと浮かぶ目標にうまく適応するために働いているのです。残っている記憶というのは、間違っていたり、子ども時代のたいていの例のように偏った判断がされていたりすることがありますが、求める目標に必要であれば、やはり意識の領域から消えて、態度や感情、ものの考え方のなかに引き継がれます。

(c) 想像。 想像のなかには、人間の独自性がさらにはっきりと表れます。想像というのは、対象が目の前にない状態で知覚を再現することです。つまり想像とは、単に思考のなかで呼び起こされて再現された知覚なのです。

ここからも、精神器官がどれだけのものを作りあげるかがわかります。過去に経験した知覚が、精神のこの創作力に影響を受けて再現されるのではありません。人間の想像は、その人が独自に作りあげた新しい固有の作品なのです。想像には、並外れて鮮明で、まるで知覚のように思えるものがあります。想像などではなくて、自分を動揺させる、あるはずのない対象が本当に存在しているように鮮明に浮かんでくるのです。このような、まるで実際に存在する対象から生まれたかのような想像を**幻覚**と言います。幻覚が作られる条件は、すでに述べてきた状況と同じです。幻覚も精神器官の創作力の結果であり、個人の目標や目的に応じて作られています。例をあげるとわかりやすいでしょう。

プライドが高い女性が見た幻覚

両親の反対を押しきって結婚した若く知的な女性がいました。両親の反感はとても強く、親子の関係は断ち切られていました。時間とともに、女性は両親の仕打ちはおかしいと思うようになります。何度も和解が試みられたものの、双方のプライドと強情のせいでうまくいきません。名家に生まれた女性は、結婚したことで貧しい暮らしに追い込まれていました。しかし、身分違いの結婚を表面的に観察してもなにもわかりません。もし奇妙な出来事が続かなければ、人は彼女の状況をとくにおかしいとは思わなかったでしょう。

女性は父親のお気に入りとして育ちました。2人の関係は、どうしてこんな断絶にいたったのかと思われるほど密接でした。結婚の際の父親の対応はあまりにもひどく、2人は完全に決裂しています。子どもができたときでさえ、両親が会いに来たり、娘との距離を縮めたりすることはありませんでした。野心の強い女性は、明らかに自分が正しいのにと思い、不当な扱いに傷ついて、両親の態度に耐えられませんでした。

女性の気分が野心の影響を完全に受けていることを見逃してはいけません。そういう性格だったからこそ、彼女は両親との衝突に耐えられなかったのです。母親は厳格できちんとした人で、たしかに優れた人ではありましたが、娘に厳しく接しました。女性は少なくとも表面的には夫に従っていましたが、自分の格を下げることはありませんでした。夫に従う行為も、ある種の誇りをもって強調し、自ら称賛していました。弟が生まれ、名家の男児、跡とりとして女性よりも高く評価されるようになったとき、彼女の野心はいっそう刺激されました。結婚によってそれまで経験したことのない困難や苦境におちいったために、彼女の不満はますますつのり、両親を不当だと考えるようになったのです。

ある夜、女性がまだ寝入っていないときに、こんなことがありました。ドアが開き、聖母マリアが近寄ってきて言ったのです。「あなたのことをとても気に入っているので教えますが、あなたは12月半ばに死にます。準備をしておいてください」。

女性はこの出来事に驚きはしませんでしたが、夫を起こしてすべて話しました。次の日には医者に診てもらいました。幻覚と診断されました。女性は、自分はちゃんと見て聞いたと言い張ります。これはちょっと聞いただけでは理解できないことです。けれど、わたしたちの示す手がかりがあれば、ある程度は解明できます。両親と衝突し、女性は苦境におちいっています。彼女は野心が強く、調べてわかったように、だれよりも優れていることを望む傾向があります。与えられた領域を越えようとして、神に近づき、神と対話するのは理解できることです。祈りをささげる人の場合のように、聖母マリアは想像のなかにだけいると考えてみましょう。だれも特別なことだとは思わないはずです。女性はそれでは満足せず、もっと強い根拠を必要としているのです。精神がこうした芸当をやってのけると理解すれば、女性の身に起きたことはまったく不思議でなくなります。夢を見る人も似た状況にないでしょうか。違いは、この女性が起きたまま夢を見られるということだけです。彼女の野心が、誇りを傷つけられたという感情でひどく張りつめていたことも考慮する必要があります。さて、ここで目を引くのは、彼女のところに来たのがもう1人の母親、それも、大衆から情け深いとされている母親だということです。2人の母親はかなり対照的な関係にあると言えます。実の母親が来なかったから、聖母マリアが登場したのです。これは、実の母親の愛情が足りないことを示しています。どうすれば両親に非があるとわからせることができるか、女性が最善の道を探っていることは明らかです。12月半ばというのも意味のない数字ではありません。この時期は、人々の人生でより密接な関係が作られるときであり、人がたいてい優しくなり、贈り物をしあったりして和解しやすくなるときなのです。そう考えると、12月半ばという期限が、女性の人生の課題とかなり関係していることが理解できます。

ただ、まだよくわからないのは、聖母マリアが優しく歩み寄ってくる一方で、近いうちの死の予告という不穏な要素がともなうことです。女性がまるでうれしそうに夫に報告している状況には、なにか意味があるはずです。実際、死の予言は家族以外にも伝えられ、次の日には医者も知るところになっています。こうなると、実の母親の訪問はすぐにかなえられました。けれどその数日後、聖母マリアがふたたび現れ、同じ予言を伝えます。母親との再会について聞かれた女性は、母は自分が間違っていたことを認めようとしないと話しました。先ほどからの主題が再登場しています。母親に対する優越という目標が達成されていないことが、やはり問題になっています。ここで両親に事情を伝える努力がなされ、父親との再会が華々しく行われました。感動的な再会でした。けれど、女性はまだ満足しません。父親の様子がなんだか芝居がかっていたと言うのです。そして、なぜこんなに待たせたのかと迫りました。間違えているのは他者で、自分は勝者だと思う傾向が続いていたのです。

この女性の例を見ると、幻覚は、精神がもっとも緊張している瞬間、目標の達成が危ぶまれる状況で現れると言えます。こうした幻覚には、過去、古い考えの人が暮らす地域で大きな影響力があったはずです（おそらくいまも）。旅行者の手記に見られる幻覚には、困難におちいって、空腹、のどの渇き、疲れに苦しんだり道に迷ったりしたときに、砂漠を進む人に遭遇するというものがあります。

強い苦しみの緊張があることでその人の調整力が働き、完全に明瞭な形で、現在の抑圧された状況を元気の出る状況に移しかえようとするのです。慰めの感じられる状況は、疲れた人を元気づけ、迷う人に力を与えます。人を強くしたり、弱りにくくしたり、香油や麻酔のように作用したりします。

ここまで検討してきたわたしたちにとって、幻覚はとくに目新しい現象ではありません。すでに知覚、記憶、想像の働きで似たような例を見ていますし、これから扱う夢でも目にすることになるでしょう。想像そのものを強めて自分や他者からの批判を追い払えば、幻覚のような働きは簡単に得られます。特殊な状況が、つねに感情を誘発することを頭に入れておきましょう。幻覚の働きは、人が苦境におちいって、自分の力がおびやかされているという印象を得たときに生じるものであり、自分が弱いと感じたために弱さを克服しようとする人に生じるものです。こうした状況の緊張が非常に大きければ、他者からの批判などもうさほど考慮されません。すると、「自力でなんとか切り抜ける」という原則に従って、精神器官が全力で描いた想像が、幻覚という形に変わっていくのです。

幻覚と似たものに、**錯覚**があります。幻覚との違いは、外部とのつながりが残っていることです。ただし、ゲーテの『魔王』などのように、おかしな間違われ方をしていたりします。

精神的な苦境という基本は同じです。

次の例を見れば、苦境にある精神器官の創作力が、どのように幻覚や錯覚を生むかがわかるでしょう。

飲酒癖に溺れる男性

男性は名家の出身でした。教育がわるかったために仕事がうまくいかず、下級の事務職についていました。この先名声を得るという望みは、すでにすっかり捨てていました。絶望が重くのしかかり、さらに周囲からは非難され、精神の緊張はいっそう高まりました。この状態で、男性は飲酒にふけります。飲酒によって、自分の状況を忘れることも、言い訳することもできました。そしてすぐにせん妄状態になって入院しました。

せん妄は幻覚と本質的に似ています。飲酒時のせん妄でよくある幻覚として知られているのが、ネズミや黒い動物が見えるというものです。ほかにも、患者の職業と関係した幻覚もあります。この患者がかかった医者は、強くアルコールに反対し、厳しく禁酒を指示しました。男性はアルコール依存から完全に抜けだし、退院してから3年、酒を飲みませんでした。

ところが、別の症状でまた入院することになります。仕事をしていると（このときは土木作業員でした）、いつもにやにや笑いながらからかってくる男が見えると言うのです。

ある日、ひどく強い怒りを感じた男性は、工具を手にとると、これが本当のことなのか確かめようと男に投げつけました。相手は身をかわし、飛びかかって殴ってきました。

これは幽霊だとか幻覚だとかいう話ではありません。相手は本物の拳をもっていたからです。この説明は簡単です。いつもは幻覚を見ていたのですが、確かめようとしたときは本物の人間だったのです。退院してアルコールから解放されたのに、男性が悪化していたことが判明しました。彼は職を失い、家を追いだされ、土木作業で生計を立てていましたが、彼も家族も、この仕事を身分の低い職だと思っています。彼がかかえていた精神の緊張は消えていませんでした。酒をやめられたことは大きな利点ではあったのですが、慰めを失ってもいたのです。最初の仕事は、飲酒にふけることでこなせていました。どうせ成功しないという家での非難が強くなると、無能と言われるよりもアルコール依存を指摘されるほうがましに思えました。退院してからは、ふたたび現実に直面します。以前よりもつらく重苦しい状況でした。またうまくいかなかった場合に、アルコールの言い訳さえなかったのです。こうした精神の苦境では、やはり幻覚が現れます。男性は以前の状況に戻ったようにふるまって、まるでまだ酒を飲んでいるかのように物事を見ました。

　そうやって、自分の一生は飲酒で害された、もうよくなることはないと訴えていたのです。病気になれば、自分で決心することなく、あまり尊敬されない新しい仕事、彼にとって忌まわしい仕事からの解放を願うことができました。その結果、幻覚の症状がしばらく続き、対処が必要になってふたたび入院しました。入院した男性は、飲酒という不幸に襲われていなければ、もっといろいろなことができたのにと、自分を慰めるように言えます。それによって、自分に価値があるという感覚をもちつづけることができます。この感覚を失わないこと、もし不幸に見舞われていなければ、もっと偉大な成果を出せたのにと信じつづけることは、彼にとって仕事そのものよりもずっと大事でした。

　自分の力のイメージを作りあげて、他者のほうが優れているのではなく、とり除けない困難に邪魔されていると言うことができました。慰めの言い訳を探す気持ちのなかで、まるで救いのように、にやにや笑う男の幻影が生まれたのです。

空想にふける子どもたち

精神器官のもう1つの芸術的作品は空想です。空想の痕跡は、これまでにとりあげたすべての現象に見つかります。特定の記憶を前面に押しだしたり、イメージを作りあげたりする精神の働きと似ています。空想の主要部分を作るのも、動くことのできる有機体に必ず備わる予見の機能です。空想も身体が動くことと関係していますし、空想そのものがまさに予見の1つの形です。子どもや大人の空想（白昼夢とも呼ばれます）で、実現できない計画が浮かぶ場合、決まってそれは人が向かう未来についての想像であり、その人なりの方法で予見しながら想像を作りあげようとしています。

子どもの空想を調べると、自分の力をどうとらえるかが重要な要素であること、そこには必ず野心という目標が反映していることがわかります。ほとんどの空想は「いつか大きくなったら」などの言葉で始まります。いつまでも「大きくなったら」と思っているような態度の大人もいます。

こうしてはっきり現れる自分の力のイメージを見ても、精神生活が成長できるのは、まず目標があるときだけだということがわかります。人間の文化におけるこの目標は、**認められ**

るという目標です。この目標が無難に収まることはありません。人間の共生には他者との比較がつきまとい、**優越**への切望、そして競争に勝ちたい欲求が生じるからです。だからこそ、子どもの空想に見られる予見の形は、**自分の力の想像**という形をとるのです。

このように幅広い想像や空想に対して、ルールを見つけることはできません。別の言葉で言うと、一般化という過ちを犯してはいけないのです。ここまで伝えてきたことは多くのケースに当てはまりますが、個々のケースではまた別の性質もあると見なければなりません。当然ながら、敵対的な目で人生を見る子どものほうが強く空想を育てます。すると、ほかの子どもよりも用心して緊張するようになります。

人生で何度もひどい目に遭う弱々しい子どもは、空想を強め、空想にふける傾向がありま す。その結果、空想を利用して現実の人生から抜けだそうとする成長段階が生まれることがよくあります。まるで現実の人生を非難するために空想を使っているように見えるのです。その場合の空想は、人生は下劣だと見下した人間が、自分の力に有頂天になっている内容になります。

空想で確かめられるのは、力のイメージだけではありません。共同体感覚も大きな役割を演じています。子どもの空想は、単に彼らの力が示されるのではなく、なにかしら他者のために力が使われるような内容でもあるのです。たとえば、子どもが騎士になったり、だれかを助けたり、人間に害をなすモンスターを打ち負かしたりするといった空想です。よく見られる空想は、自分が自分の育った家の子どもではないというものです。

多くの子どもが、本当は別の家の子どもで、いつか真実が明らかになって、実の父親（決まって身分の高い人物です）が迎えに来てくれると考えます。これはたいてい、劣等感の強い子ども、不自由な環境におかれて冷遇されている子ども、または周囲の愛情に満足していない子どもに起こります。多くの場合、こうした誇大妄想は子どもの外面的な態度に現れます。子どもはもう大人のようにふるまうのです。病的とも言える空想の逸脱は、たとえば、子どもが山高帽や葉巻のパイプに執着する様子や、女児が男児になろうとする様子に見つかります。男児のような態度や服装を好む女児はたくさんいます。

あまりに空想しないと言われる子どももいます。これは明らかに的外れな推論です。こうした子どもは空想を口にしていないか、空想が現れないように闘う別の理由があるのです。あるいは、自分は強いと感じているのかもしれません。現実に適応しようと懸命に努力する子どもは、空想を男らしくない、子どもっぽいと思って拒絶します。この拒絶が行きすぎて、空想することがほぼ完全にないように見えるケースがあります。

夢は重要な手がかり

すでにふれた白昼夢のほかにも、幼いころから現れ、大きな効力を示して展開する現象があります。眠っているときに見る夢です。一般的に、睡眠中の夢にも、白昼夢と同じ夢想という手段が見つかります。経験を積んだ昔の心理学者たちは、夢から人間の性格が容易に読みとれることを指摘しています。実際、人間はいつの時代にも夢のことをいろいろと考えてきました。白昼夢には将来を予測しようとする意識がともないます。人間が未来へ続く道を開き、確実に進もうとしているときに、白昼夢は現れます。睡眠中の夢も同じです。明らかな違いは、白昼夢がかろうじて理解できるのに対し、夢はほとんど理解できないという点です。この理解のできなさは、とくに夢の奇妙なところであり、人はすぐに、だから夢は不要なのだと考えようとします。ここでは、未来をしっかりつかみ、直面する課題を克服しようとする人間の力のイメージが、夢にも示されるということだけを指摘しておきます。精神生活を観察するとき、夢は重要な手がかりを与えてくれます。それについてはあとでまた述べます。

感情移入で未来を読む

動くことのできる有機体は、未来の課題にいつも直面しているので、先を予測する機能を必ず備えています。この機能に関して精神器官を助けているのは、現実に起こることを感じ、さらに未来に起こるだろうことを感じて読みとる能力です。

このプロセスを「感情移入」と呼びます。人間はこの能力が非常に発達しています。広く力を及ぼすので、精神生活のあらゆるところで見つかります。感情移入が働くには、やはり未来の予測が必要です。課題に直面したらどうふるまうかを想像して考える必要がある場合、まだ定まっていない状況から生まれるはずの気持ちについてはっきり判断しないといけないからです。これから体験する状況への思考、感情、感覚をまとめてはじめて、一点を目指して力を入れるのか、ひどく用心して回避するのかという立脚点が得られます。感情移入はただれかと話すだけでも行われます。人と接触するときに相手の状況に同調しないことはあり得ません。とくに芸術的な形で現れるのが、**演劇**を見るときの感情移入です。

ほかにも、他者が危険な状況にあると気づいたときに、独特な感情に襲われることがあります。この場合の感情移入はときとして非常に強く、自分に危険はなくても反射的に防御の行動をとります。また、だれかがグラスを落としたときなどに、それを見た人が手を引っ込める動作をすることも知られています。ボウリングのときに、プレーヤーがボールの動きを手伝おうとするように動く様子、ボールのコースに影響を与えるように全身でコースを示す様子はよく見られます。

ビルの高層階で窓ふきをする人や、スピーチの途中で言葉が出なくなってしまった人を見たときに生じる感情も感情移入によるものです。演劇を見るときに、共感したり、さまざまな役を心のなかで演じたりすることはほぼ避けられません。つまり、わたしたちの体験はすべて、感情移入と密接に結びついているのです。

自分を他者のように感じるこの能力がどこから来ているのかと考えると、生まれつき備わっている共同体感覚に行きつきます。これはそもそも壮大な宇宙的な感覚です。わたしたちのなかにある宇宙的なものすべてがつながって反映しています。わたしたちは宇宙的な要素から逃れることはできませんし、そこから自分の身体の外にある物事に感情移入する能力を得ているのです。

共同体感覚がどのくらいあるかが人によって異なるように、感情移入の度合いも人によってさまざまです。どちらの様子も、もう子ども時代には観察されます。人形を生きているように扱う子どももいれば、中身がどうなっているのか調べることだけに関心があるような子どももいます。周囲の人と関係を作らず、命のないものやあまり価値のないものに向きあっていると、人間の成長が完全に失敗してしまうことまであります。

子どもによく見られる動物虐待は、ほかの存在への感情移入がまったく欠けていると考えればあり得ることです。その場合、子どもは、共生の発展には意味のないことに興味をもち、他者の利害はまるで無視して、自分のことばかり考えるようになります。こうした現象はすべて、感情移入の成長度が低いことと関連しています。感情移入が欠けていると、最終的には、他者との協力をまったく受けつけなくなります。

犯罪集団の子ども時代

他者に働きかけることがどうしてできるのかという問いに対して、個人心理学では、やはり人と人とのつながりが答えになります。わたしたちの人生は、相互の働きかけが可能であるということを前提として進んでいます。これは、教師と生徒、親と子ども、男と女といった関係でとくにはっきり見られます。共同体感覚の影響を受けて、ある程度までは他者からの働きかけに対して折り合いがつけられます。けれど、どのくらいの影響を受けるかは、影響を受ける側の権利がどこまで守られているかで変わってきます。不当に扱われている人がずっと感化され続けることはありません。もっともよい形で働きかけることができるのは、自分の権利は守られていると相手が感じているときです。

これはとくに教育の面で重要な観点です。別の形の教育を提案したり実行したりすることはできますが、この観点で行う教育が効果的なのは、もっとも根源的なもの、つまり他者と結びつく感覚を含んでいるからです。ただしこの教育は、社会の影響から意図的に逃れようとする人に対してはうまくいきません。こうした人は簡単に逃げたわけではなく、ずっと闘ってきたと考えられます。闘いの過程でだんだんと周囲とのつながりをなくし、共同体感覚と完全に対立するようになったのです。こうなると、どのような働きかけも難しいか不可能で、どう働きかけても抵抗が返ってくるだけになります（反抗心）。

ですから、何かしら周囲に抑圧されていると感じている子どもについては、教育者の働きかけに応じる能力や傾向があまりないと予測できます。たしかに、外部からの抑圧が強くてあらゆる抵抗が無視され、働きかけが受け入れられているように見えるケースもたくさんあります。けれど、この**服従**に価値がないことはすぐにわかります。この服従は大きく育ちます。ときには、一生なにもできないようなグロテスクな形で現れることもあります（盲目的な服従）。

その結果、必要な行動や手順を命じられることを待ってばかりいる人間になるのです。強い服従がどれほど危険なのかは、こうした子どもがどのような大人になるかを見ればわかります。自分を支配する相手に従い、命じられれば犯罪にまで手を染めることが多いのです。

彼らはいつも実行役として動くので、とくに**犯罪集団**で物騒な存在になっていきます。反対に、集団のリーダーはたいてい自分では動きません。ある集団では、目立った犯罪のほとんどが、このタイプである1人の人間によって実行されていました。こうした人は信じられないほど徹底した服従を示し、服従によって野心が満たされるとすら感じるのです。

催眠術とは何か

通常の感化に限って話を進めるならば、もっとも感化されやすく、また、意思が通わせられて予測しやすいのは、共同体感覚が弱まっていない人だと言えます。反対に、もっとも感化されにくいのは、上昇志向や優越を願う思いが非常に強い人です。これは日々の観察からわかります。親が子どものことで嘆く場合、盲目的な服従が原因となることはまずありません。言うことを聞かないと嘆くのです。こうした子どもを調べると、彼らは周囲を超えることを目指し、機会を見つけては自分の小さな人生の決まりを破っています。

誤った扱いを受けたせいで、教育で指導できない状態になっているのです。力を猛烈に求める状態は、教育できない状態と言えます。ところが、わたしたちが家庭で行う教育は、たいてい、子どもの野心をひどく刺激し、誇大妄想を呼びさますものです。

これは、わたしたちの考えが足りないからではなく、わたしたちの文化に誇大妄想の傾向があり、子どもたちを刺激しているからです。こうして、わたしたちの文化と同じように、家庭のなかでも、個人が特別な輝きをもって人生を送り、どうにかして他者を超えることが重視されます。虚栄心についての章では、野心をうながすこの教育法がどれほど不適切か、どのような困難が起きて精神生活の成長がうまくいかなくなるのかを、くわしくとりあげます。

絶対の服従という傾向があるために、周囲の要求を広く受け入れる人と似たような状況にあるのが、**催眠の被験者**です。言われたとおりに動き、求められたことを一時的にこなすだけの状態です。**催眠**では、この状態を作ります。ここで言っておかなければならないのは、人が催眠にかかりたいと言ったり思ったりしても、服従に対する精神的な準備ができていない場合があるということです。

強く抵抗しながらも、内面では服従の準備ができている人もいます。催眠で重要なのは、被験者の**精神的**な態度だけで、口に出される言葉や考えは関係ありません。この事実を見誤ったせいで大きな混乱が生じてしまっています。というのも、催眠の対象になる人は、抵抗する**ように見えても**、催眠術者の要求に従う傾向のある人が多いのです。催眠を受け入れる程度は人によってさまざまなため、結果もそれぞれで異なってきます。けれども、催眠を受け入れる程度が**催眠術者**の意志によって左右されることはありません。あくまで**被験者**の精神的な態度によって決まるのです。

催眠の本質は、一種の睡眠状態です。催眠がミステリアスなのは、睡眠状態をまず作りあげる必要があって、他者の指示で睡眠状態になるためです。指示は、それを受け入れる準備のある人を対象にしたときに、効果を発揮します。ここで肝心なのは、すでに述べたとおり、被験者がどのような人なのかということです。他者の影響を無批判に受け入れるような人であれば、特殊な睡眠状態を引き起こすことができます。

この眠りは自然な眠り以上に運動能力を締めだし、催眠術者が運動中枢に指示を出すことも可能にします。通常の眠りと変わらないのは、一種の半睡状態の部分だけで、これによって被験者は術者の指示のとおりに催眠中の出来事を記憶に残すことができます。催眠でもっとも締めだされるのは、わたしたちの文化にとってとくに重要な能力、つまり批判力です。こうして被験者は術者の手となり器官となって、術者の指示に従って動くのです。

他者に働きかける人間のほとんどは、その能力を（そもそも働きかける機会があることも）自分の神秘的な雰囲気や特別な力によるものだと言います。この考えは、催眠術者やテレパシー能力者によるひどいいたずら、逸脱行為、なかでも不快な行きすぎを招きます。こうした人については、悪行を止めるためにはどんな手段を使ってもいいと思われるくらい人間の尊厳を傷つけていると言わざるを得ません。

彼らのしていることが詐欺だと言っているわけではありません。そうではなくて、人間という生き物には服従する傾向があって、**強気**な態度で接してくる人の犠牲になることがあるのです。なぜなら、多くの人は漫然と日々を過ごし、確かめもせず服従し、権威をたたえ、はったりにごまかされて引き込まれ、無批判に従うような雰囲気に浸ってきているからです。こうした行為が人間の共生に秩序をもたらしたことなどなく、服従させられた人たちがあとになってから反抗するという事態がくりかえされてきました。長く続く成果を実験で残せたテレパシー能力者や催眠術者はいません。被験者が単に「話を合わせた」ケースもたくさんあります。自分の力を被験者に働かせようとした学界の重鎮も経験することです。被験者がだまし、だまされる存在となるケースもあります。部分的にだまし、部分的に服従するのです。けれど、ここで働いているように見える力は、術者の力ではなく、服従したい被験者の傾向です。被験者に作用する魔法の力でもなく、せいぜいのところ、はったりを言う術者の技でしょう。

自分ですべて考え、決断をすぐに他者に任せずに生きてきた人であれば、当然、催眠にかかることはなく、テレパシーという奇妙な現象が起こることもありません。こうした現象はすべて、盲目的な服従から起こる現象でしかないのです。

暗示にかかりやすい人

催眠と関連して、**暗示**にもふれなければなりません。暗示の本質を理解するには、広い意味で印象の一部だと考える必要があります。人間がただ印象を受けとるのでなく、つねに印象から影響を受けていることは言うまでもないことです。印象を受けるというのはささいなことではなく、その影響はずっと続きます。印象に他者からの要求が含まれ、説得の要素があるときに、暗示と言うことができます。

このとき、暗示として作用する見解が変化したり強まったりして、暗示の受け手に明確に現れてきます。問題がやや難しくなるのは、外部からの印象に人間がさまざまな形で反応するためです。暗示が作用するかどうかも、その人がどのくらい自主的に生きているかということに関係しています。ここでとくに注目すべきは2つのタイプです。

1つのタイプは、他者の意見を過信しがちで、自分の考えが正しいか間違っているかはあまり重視しません。他者の重要性を過剰に評価するので、簡単に人の意見に合わせます。覚醒状態での暗示や催眠にとてもかかりやすいタイプです。

もう1つのタイプは、外部から来るものはすべて侮辱のように受けとり、自分の意見だけが正しいと考えます。他者がもたらすものは正しいか正しくないかも考えずにはねのけます。どちらのタイプも、自分を弱いと思う感覚をかかえています。

2つ目のタイプにおけるこの感覚は、他の人からなにかを受けとれないというものです。わたしたちがよく目にするのは、すぐに人と衝突しながらも、自分では他者の暗示にかかりやすいのではないかと思っているような人です。

けれど、彼らは暗示にかからないようにするためにあえてそう思っているだけなので、対処が難しいのです。

第五章　なぜ人間は評価されたがるのか

子どもを笑ってはいけない

　ここまでで、環境に恵まれなかった子どもは、生きる喜びに幼いころから親しんできた子どもとは異なる態度で、人生や人間に接する傾向があることがわかりました。原則として、**身体器官に問題のある**子どもは、人生との闘いに足をとられ、共同体感覚を弱めてしまいやすいと考えられます。その結果、子どもは自分のことばかり考え、周囲に与える印象を気にして、他者にあまり関心を示さなくなります。外部からの影響についても、器官の劣等と同じことが言えます。子どもは外部からの影響を多少なりとも重くのしかかる圧力として感じ、周囲に対して敵対的な態度をとっていきます。決定的な転機はごく早い段階で現れます。２

歳のころにはもう、こうした子どもは、自分がほかの子どものようにはできていない、対等でも平等でもないと感じている様子を示します。他者とつながらず、いっしょに同じことをしたりもしません。反対に、さまざまな不自由のせいで**制限されている**気持ちになって、なにかしてもらおうと期待する感覚や、要求する権利を他の子どもよりも強く示す傾向があります。そもそも子どもは人生に対して弱い存在であり、身近な人にかなりの共同体感覚がなければ生きていくことはできません。

子どもは小さくて頼りない存在であり、その状態が長く続くので、人生に向きあうのは大変だという印象をもちます。そう考えると、どんな精神生活の始まりにも、多かれ少なかれ劣等感が根づいていると仮定する必要があります。劣等感は、子どもを押し進める力です。そこからすべての努力が生まれて育ちます。将来に向けて人生の安心と安全が期待できるような目標を立て、目標を達成するのに適していそうな道を進んでいきます。

こうした一種独特な態度は（やはり器官の能力が密接に関係して影響しています）、その子を**教育できるか**という問いに強く関係します。子どもの教育の可能性は、たとえどの子どもにも劣等感はあるにしても、とくに2つの要素で危険にさらされます。1つは、ひどく強まって継続する劣等感です。もう1つは、安心、安全、対等を保証するのではなく、周囲よりも優越するための**力の追求**を生む目標です。こうした方向へ進んだ子どもは、その後を見てもすぐわかります。彼らの教育が難しいのは、どんなときでも不利な扱いを受けていると感じ、恵まれていないと思い込んでいるからであり、本当かどうかはともかく人からもそう見られることが多いからです。こうした関連すべてをよく見れば、子どもがどうしてさまざまな失敗を重ねながら適切でない成長をしてしまうかが読みとれます。

子どもはみんな同じような状況にいるため、この失敗の危険はだれにでもあります。大人に囲まれていることで、自分は小さくて弱いと思い、不十分で劣っていると考えやすいのです。こう感じていれば、自分を信じることはできず、直面する課題を人から期待されるように円滑に果たすことはできません。教育の失敗は、たいていこの時点で始まっています。子どもに要求しすぎることで、無力感を強く意識させてしまうのです。子どもによっては、あまり重視されておらず、小さくて劣った存在であることをしじゅう指摘されていることもあります。また、からかわれて、もてあそばれる子どもや、守るべき財産のように扱われる子ども、厄介な重荷のように見られる子どももいます。

こうした扱いのすべてが合わさって、自分は大人をよい気分にさせる、または不機嫌にさせるために存在すると、さまざまな角度から子どもが思わされていることがよくあります。

こうして植え込まれる根深い劣等感は、わたしたちの人生の特性によって強められます。その1つが、子どもを軽く扱う習慣です。子どもは何者でもない、権利などもっていない、大人の前ではつねにおとなしく、静かにしていなければならない、などと暗に伝えているのです。そこに真実が含まれているとしても、そんな無神経な方法で伝えてしまっては、子どもが感情を乱すのも理解できます。また、多数の子どもが、なにをしても笑われるのではないのかという恐怖をつねに感じて育っています。

子どもを笑うという悪習は、子どもの成長にとって非常に有害です。笑われる不安は子どもが成長してからも見られます。多くの場合、大人になってからもこの不安から抜けだせないのです。ほかにも有害なのは、子どもに適当なことを言ってごまかす習慣です。子どもは周囲の人の本気度や人生の重大さをたやすく疑うようになります。よくあるケースとして、学校に行きはじめた子どもがにやにや笑って座っていて、あとになって、学校のことは親がひやかしで行かせているのだと思って、真面目に受けとっていなかったと話すことがあります。

人はなぜ「評価」されたいのか

劣等感、不安感、不足感によって、人間は人生で目標を立てることを強いられ、目標の形成がうながされます。ごく幼いころにはもう、自分が中心に立とうとする様子、親の注意を引こうとする様子、むりやり注目を求める様子が見られます。これは、人間が評価の追求を始めた兆候です。評価の追求は、劣等感の影響を受けて発展していき、その結果、子どもは周囲よりも優れた存在に見えるような目標を立てます。

優越という目標の設定は、共同体感覚がどのくらいあるかによっても決まります。個人がもつ共同体感覚と、他者に対する力や優越の追求の関係を比べなければ、子どもについても大人についても判断することはできません。目標は、もし達成すれば優越を感じられたり、生きがいがあると思えるくらい自己を高められたりする形で設定されます。この目標はまた、人の感情に価値を与え、知覚を導いて影響を与え、イメージを作り、創造力をあやつりもします。わたしたちは創造力によってイメージを作り、なにかを記憶したりしなかったりします。感情も絶対の要素ではなく、精神生活にみなぎる目標追求の思いに影響されています。わたしたちの知覚には選択肢はありますが、隠された特定の意図によって選択されます。想像にも絶対的な価値はなく、目標の影響を受けています。また、わたしたちはどんな体験からも、目標の継続に合いそうな面を見いだそうとします。そう考えると、やはりすべてに条件がつけられ、たしかな固定した価値があるように見えているだけだとわかります。**仮に想定する**という一種の本当の創造力において、わたしたちは現実にはない基準点を作ってよりどころにしています。想定するという行為は、そもそも人間の精神生活が不完全であることから生じたものですが、学問や人生の多くの試みに似ています。たとえば、地球は子午線でわけられます。子午線は実在しませんが、仮の想定として大きな価値があります。精神的な仮定のすべてのケースでは、次のような現象が見られます。

わたしたちは1つの基準点を想定します。けれど、よく観察すれば存在しないことはわかっています。それでも想定するのは、混沌とした人生で方向を得て、見込みをつけるためです。感情から始まったすべては、予測可能な領域に運ばれ、対処できるものになります。ですから、固定した目標の想定というのは、人間の内面を観察するときに役立つのです。

こうして、個人心理学の表象の領域で、経験則による手法が使われています。つまり人間の精神生活は、生まれつきの能力から始まって、目標の影響を受け、その人ののちの性質に育っていったというように見なして理解する手法です。けれど、わたしたちは経験と印象から、この手法は研究の補助以上のものだと確信しています。わたしたちの手法は、精神の成長で実際に起こり、意識的に体験されたり、無意識から推察されたりする事象とほぼ符合しています。そのため、精神が目標を追求するということは、わたしたちの単なる学説ではなく、1つの基本的事実でもあるのです。

不安と劣等感が生みだすもの

では、**力の追求**という人類の文化でも抜きんでた害悪に、どうすればもっとも有効な形で向きあい、防ぐことができるのでしょうか。これが難しい理由は、力の追求が始まる時期には子どもと意思の疎通がまだあまりできないからです。いろいろわかって、成長の誤りに対処できるようになるのはずっとあとのことです。けれど、この時期の子どもとともに暮らすことで、力の追求が過剰にならないように共同体感覚を伸ばすことはできます。

対処が難しいもう1つの理由は、子どもであっても、力を追求しているなどとはあからさまに言わずに隠すからです。好意や愛情だと偽って、ひそかに実行しようとします。恥ずかしさから見つかることを避けるのです。力の追求はどんどん強まっていき、子どもの精神生活の成長をゆがめます。その結果、安全と力を求める過剰な欲求のなかで、勇気は厚かましさに、従順は臆病に、愛情は他者をひざまずかせ従わせる策略に変わります。どんな性格も、本来の性質以外に、優越を求めるずるがしこい願望を足されることになるのです。

子どもに意図的に働きかける教育とは、意識的にしろ無意識にしろ、子どもを不安から救いだし、子どもの人生のために、スキル、知識、物事への理解を教え、他者に対する感情を整えるものです。どのような観点によるものであろうと、こうした対処はすべて、成長する子どもに、不安感や劣等感から解放される新たな道を作る試みだと言えます。いま子どもに起きていることは、性格の特徴となって現れます。これは、子どもの精神のなかでなにが起きているかを表します。

不安感と劣等感が**どのくらい働くか**は、子どもが**どう解釈するか**によって決まります。客観的な劣等の程度はたしかに重要です。客観的に見てどのくらい劣っているかは子ども本人も感じるでしょうが、客観性について子どもが正しい評価をすると期待することはできません。これは大人も同様です。そのため、事態は非常に難しくなります。子どもによっては、劣等と不安の程度を誤って認識してもしかたがないくらい複雑な環境で育ちます。一方で、自分の状況をもっと適切に評価できる子どももいます。しかし、全体として必ず考慮しなければいけないのは、子どもの**感情**です。子どもの感情は日々揺れ動き、最終的にはなんらかの形で整理され、**自己評価**として現れます。

その結果に従って、劣等感のために子どもが求める代償、**埋め合わせ**が行われ、そこから目標も設定されるのです。

精神は劣等を感じたときに必ずその苦しい思いを埋め合わせようとしますが、身体にも同じようなメカニズムがあります。生命の維持に重要な器官が弱まると、それがまだ生存可能なかぎりは、尋常でない力を働かせて対応しはじめることが証明されています。血液の循環がおびやかされるような問題が起これば、心臓は力を増して働きます。全身から力を引きだして大きくなり、正常に働く心臓よりも肥大します。同じように、自分の小ささ、弱さ、劣等感に抑圧されていれば、精神器官も大いに働いて、劣等感などを押さえ込んで排除しようとします。

過剰な埋め合わせ行動

劣等感の抑圧がひどい場合、将来が不利になることを恐れて、単なる埋め合わせでは満足せずにやりすぎる危険があります（**過剰な埋め合わせ**）。力や優越の追求は極端で病的なものになります。こうした子どもは、人生で結ばれる通常の人間関係に満足しません。目標を高く設定して、大きく目立つ行動をとろうと身構えます。通常をはるかに超える強い衝動をかかえながら、周囲のことは考えず、性急に自分の立場を確保しようとします。こうして彼らは目立つ存在になり、他者の生活を侵害し、当然のように相手の抵抗を招きます。人と敵対しながら、自分も敵視されるのです。けれど、すべてが最悪の形で進むとは限りません。長いこと、一見するとふつうに見える道を進む子どももいます。こうした子どもは、最初に育つ性格、つまり野心を、他者とあからさまにもめないような形で示します。とはいえ、決まって見られるのは、子どもの行動がだれも喜ばせない様子、わたしたちの文化では受け入れられないような方法であるために本当に有効には働いていない様子です。子どもは野心を生産的には用いず、たいてい過剰に育てます。過剰な野心をもった子どもは、他者の邪魔をします。あとになるとさらに、社会で暮らす存在としては敵対的な態度と言える様子を見せます。それは、虚栄心、高慢、なんとしても他者を打ち負かそうとする努力などです。自分を向上させずに、他者が落ちることに満足する様子として現れることもあります。

このとき彼らにとって大事なのは、自分と他者のあいだにどれだけ距離があるのか、どれほど大きな違いがあるのかということだけです。けれど、人生に対するこうした態度は、周囲の邪魔になるだけでなく、本人にとっても不快に感じられるものです。人生の暗い面におおわれ、本当の生きる喜びが得られないのです。

こうした子どもはすべての他者を超えようとして力を追求するので、人間が果たすべき共通の課題と相いれなくなります。力をやたらと求めるこのタイプと、社会で生きる人間の理想像を比べ、多少の経験を積めば、人を理解しようとする目が育ち、ある人物が共同体感覚からどのくらい離れているかを把握することができるようになるでしょう。

どれだけ気をつけていても、人間を理解しようとする人の目は、相手の肉体や精神の欠点に向かうはずです。そして、精神生活の成長が難しかったに違いないことに気づきます。この点を頭に入れておき、さらにわたしたち自身が共同体感覚を十分に育てていれば、欠点は害をなすものではなく、ただ役立てることができるものだとわかります。

これは第一に、肉体に問題のある人や、いやな性格の人に対して、その性質の責任があるとは考えないということです。反対に、相手がその特性のせいで気分を乱すこともあるのを認めます。そして、わたしたちみんなに当てはまる共通の罪があることを理解します。問題をかかえる人の特性に十分に配慮してこなかったわけですから、社会で起こる不幸にはわたしたちにも非があるのです。このような見方をすれば、状況は緩和され、彼らを邪魔で劣ったもののように扱うことはなくなります。そのうえでわたしたちは、彼らがもっと自由に成長できる雰囲気、また、周囲との関係のなかで対等だと思いやすい雰囲気を作らなければなりません。生まれつきの劣等が外見からわかる人を見たときに、わたしたちがしばしばどのように落ち着かない気持ちになるのか思い返してみましょう。共同体感覚という絶対の真理に共鳴するために、まずわたしたち自身にどのような教育が必要なのか、わたしたちの文化は問題をかかえる人に対してどれほどの負い目があるのか、推し量ることができます。

身体器官に問題をもって生まれた子どもが、それ以外の人なら感じないですむ人生の重荷をすぐに感じ、悲観的な世界観を育てやすいことは当然と言えます。同じ状況にいるのが、器官の劣等は目につかなくても、劣等感をかかえる(その感覚が正当かどうかは別にして)すべての子どもです。

劣等感は厳しい教育などの特別な状況によって高まり、器官の劣等と同じように作用します。ごく幼いころに刺さった棘は抜けずに残り、これまでに目にしてきた冷ややかな雰囲気は子どもをひるませて、周囲に近づこうとする試みをくじきます。そして子どもは、自分が直面しているのは愛のない世界で、そこにはつながれないと思い込むようになるのです。

発育が遅れた男性の場合

1つの例をあげましょう。その男性患者は、いつも重荷を載せられたように歩き、自分には責任感があって、自分の行動の重要性をよくわかっていると主張していました。妻とは、これ以上ないほど最悪の関係でした。2人とも、他者より優越することを目指して譲らない性格だったのです。その結果、不和や争いが起こり、相手に対する非難はどんどん厳しくひどくなり、きずなは断たれて、もはや関係を修復することはできなくなっていました。男性には共同体感覚が多少残っていたようですが、優越を演じる傾向のせいで、妻や友人などの周囲の人のためになるようなことはあまりしませんでした。

男性は自分の人生について次のように語っています。彼は17歳まで身体がろくに育たなかったそうです。発育がわるく、声変わりもせず、ひげは生えず、身長はかなり低いままでした。いまは36歳で、とくに目につくところはなく、非の打ちどころのない男らしい外見をしています。自然は17歳まで与えずにいたものをすべて彼に与えています。けれど、彼は成長が止まっていることに8年ものあいだ苦しみました。いつか自然に悩みが消えることなど当時はわかるはずがありません。そのため彼は、身体的に劣ったまま、つねに「子ども」として生きていくのではないかという考えにずっと悩まされていました。このころにはもう、のちに目につくようになる状態の兆しが現れています。彼はだれかに出会うと、見た目ほどには子どもではないことをしきりに明らかにしようとしました。いつも自分を重要視し、偉そうにして、すべての動きと表現を使って前に出ようとしたのです。こうして彼はだんだんといまの状態になっていきました。妻に対しても、自分は妻が思う以上に大きい存在なのだから、いま以上に重視されるべきだとわからせようとしつづけました。しかし、似たような性格の妻は、自分で思っているよりも小さい存在だと反論します。この2人が友好的な関係を築けることはなく、婚約のときから明らかに破局の兆しを見せていた結婚生活は完全に失敗に終わりました。けれど、すでにかなり消耗していた彼の自意識はずたずたに傷つき、この失敗にひどいショックを受けた男性は医者にかかったのです。

彼は医師とともに、まず人間について知って、人生でどんな間違いをしてきたかを理解しなければなりませんでした。それまでずっと、自分は劣ったままだという誤った認識をかかえていたのです。

人は子ども時代から変わらない

先ほどの例のように調べるときには、子どものときに受けた印象から現在の状況まで、まるで1本のラインが引かれているように関連を見つけていくとよいでしょう。こうするとたいてい、人がこれまで歩んできた精神的なラインを引くことができます。これは**動きのライン**で、このラインにそって子ども時代から人生がパターン化されて進むのです。こうした方法を、人間の運命を軽く見るようなやり方だと思ったり、自分の運命に立ち向かう**自由な判断**が否定されているように感じたりする人も多いかもしれません。たしかに自由な判断については否定しています。本当に作用しているのは、人間の動きのラインだからです。ラインの形がいくらか変わることはあるでしょうが、おもな内容やエネルギーや意味は子どものころから変わりません。そこには必ず周囲の人との関係があり、それがのちに社会のより大きな環境へと移ります。ラインを引くときは、ごく幼いころまでさかのぼっていかなければなりません。乳児のときに受けた印象でさえも子どもを特定の方向に導き、人生の課題に特定の方法で答えるようにうながしているからです。課題に答えるためには、子どもがもって生まれた成長の可能性に関わるすべてのものが使われます。乳児のときに受けた抑圧は、人生のとらえ方、つまり**世界観**に稚拙な形ですでに影響を与えているのです。

ですから、現れ方がずいぶん違ったとしても、人生に対する態度が乳児のころからそう変わらないのは驚くことではありません。そのため、誤った人生観をいだきにくいような環境に、生まれたときから子どもをおくことが重要になります。ここでとくに肝心なのは、子どもの身体がもつパワーとねばり、子どものおかれた社会状況、養育者の特性です。最初は、人生の課題にそのまま反射的に答えているだけだとしても、目標を追求する方向で、子どもの態度はすぐに変わっていきます。困窮という外的要素だけで苦しみや幸せを決めるのではなく、外的要素の抑圧から自力で逃れられるようになっていくのです。こうした子どもは評価を求めながら養育者の抑圧から逃れようとし、敵対者になります。これが起こるのは、いわゆる**自我の目覚め**の時期で、子どもが自分のことを話したり一人称を使ったりしはじめるころです。そのころには子どももすでに、周囲との関係が固まってきていることに気づいています。周囲はまったく公平ではなく、子どもに態度を決めて関係を作ることを強います。そして子どもは、自分の世界観から見たところの心地よさを求めるようになるのです。

人間の精神生活は目標を追求するという話はすでにしました。これを考えれば、動きのラインには大きな特徴として強固な一貫性があることがわかるでしょう。ここからは、人間を一貫した総体として理解できることもわかります。これはとくに、人が互いに矛盾したように見える動きを示す場合に重要です。

学校と家庭で態度がまったく違う子どももいれば、本質を見誤るほど矛盾して見える性格の子どももいます。２人の人間が示す動きが表面的にはそっくりなのに、よく調べると、根底にある動きのラインについては正反対だとわかる場合もあります。２人が同じことをしていても、それは同じではありません。けれど、２人が同じことをしていなくても、同じ場合はあります。

重要なのは、**さまざまな意味に解釈される**精神生活の現象を個々にわけて見るのではなく、それぞれ関連させて見ること、すべては総体として共通の目標に向かっているととらえることです。人生の全体の関連のなかで、ある現象がその人にとってどのような意味があるかが問題なのです。人に現れることにはすべて一貫した方向性があると考えてはじめて、精神生活を理解する道が開けます。

人間の思考や行動は目標を追求し、**目標によって**条件づけや方向づけをされていることを把握していれば、なにがもっとも誤りを生むかということも理解できます。個人の誤りは、勝利など、人生のプラスになることをすべて自分の個性に結びつけ、独自のパターンや人生のラインを固めるものとして利用することで生まれます。すべてを吟味せず、意識と無意識の暗がりのなかで受け入れて処理するからです。学問として扱うことでここに光が当てられ、誤りが生まれたプロセスを把握し、理解し、最終的に変えることができるようになります。

この議論の締めくくりとして、1つの例をあげましょう。これまでに得られた個人心理学の知見を用いて、個々の現象を分析し、説明していこうと思います。

夫を支配したがる妻の心の奥

若い女性患者は、抑えられない不満を訴えました。不満の原因は、一日中あれこれと大量の仕事をしなければならないことだと言います。外見からは、せっかちな様子と落ち着かない目つきが観察できます。女性は出かけるときや、なにか仕事にとりかかるときに、強い不安に襲われると話しました。周囲の人から話を聞くと、彼女はなんでも深刻に考える人で、仕事の重圧に疲れ果てているように見えるそうです。全体の印象としては、すべてをとても重く考える人に見えました。これは、多くの人に見られる現象です。その印象のとおり、「いつも大げさだ」という話をした人もいました。

行うべき仕事をやたらと重く、大事だととらえる傾向について考えてみましょう。この態度が、集団や結婚生活のなかでなにを意味するのか、想像してみるのです。すると、この態度は周囲へのアピールのようなもので、もう必要最低限の仕事さえまともに果たせないから、これ以上の重荷は負えないと訴えているように思えます。

女性についてここまでにわかったことではまだ足りません。彼女にさらに語ってもらわなければなりません。こうして調べるときには、かなり慎重に行う必要があります。医師が自分を誇示してはいけません。そんなことをすれば、すぐ患者の戦闘態勢を招いてしまいます。推測して尋ねるのがよいでしょう。会話ができれば、(今回のケースのように)全体の態度で示されていることをゆっくりと伝えていくことができます。彼女は他者(おそらく夫)に、これ以上の負担に耐えられないこと、もっと気をつけて接し、優しくしてほしいことをわかってもらいたいのです。すべてはどこかに始まりがあって展開されてきたことも読みとれました。彼女は数年前に、優しさとはほど遠い扱いに耐えた時期があったと認めてくれました。彼女の態度が、配慮を求める思いを裏から支えていたこと、温かさを求めてすげなくされる状況に戻らないための努力だったことがさらによくわかります。

わたしたちの所見は、女性が語った次の話で裏づけられました。多くの点で彼女と正反対の友人の話です。友人は不幸な結婚生活を送り、逃げだしたいと思っていました。ある日、女性はこんな場面に出くわしました。本を手にした友人がうんざりしたように、今日の昼食は時間どおりに作れるかどうかわからないと夫に伝えると、夫が激高して激しく批判しはじめたのを見たのです。この出来事について女性はこう話しています。「わたしの考えが正しければ、わたしのやり方のほうがずっといいのではないかしら。朝から晩までとにかく仕事があるわたしには、そんな非難はできないもの。もし昼食の時間が遅れても、いつも慌ただしくて気が高ぶっているわたしには、だれもなにも言えませんから。このやり方をやめろと言うのですか？」

女性の内面でなにが起きているかが見えてきます。比較的害のない形で、いくらか優位に立ち、非難を逃れ、いつでも優しい扱いや態度を求めようとしているのです。これが成功しているため、やめるように言われてもあまり納得できないのでしょう。けれど、こうした態度の裏には、まだなにか隠れています。優しい扱いを求めて（これは他者に対する優位を求めてもいます）、すぐに満足することはありません。すると、さまざまな厄介が生じて、なにかをなくして見つからずに混乱し、頭痛が起こって、落ち着いて寝られなくなります。これは彼女が心配ばかりしているからです。大げさに心配して、とにかく自分の苦労を正当化しようとしているのです。だれかに家に招かれるだけでもう大変でした。招待に応じるにはかなりの準備が要りました。ほんのちょっとした用事でもひどく大ごとに思えたので、客として出かけていくことは何時間も、それどころか何日もの準備が要るつらい仕事でした。この場合、高い確率で訪問がとりやめられる、少なくとも時間に遅れて来ると考えられます。こうした人の人生で、社交性が示されることはあまりありません。

結婚生活のような2人の人間の関係では、優しく扱われたいという要求と深く関わる場面がいくつもあります。夫が仕事でいないこともあれば、友人とのつきあいがあって1人で出かけたり、所属するクラブの集まりに出向いたりすることもあります。この場合、妻を家に1人で残したら、優しい扱いや配慮の要求がないがしろにされたことになるのではないでしょうか。最初のうちは、結婚とは相手をできるだけ家に縛りつけようとするものだと思うかもしれません（実際、そういうケースはよくあります）。

相手へのこの要求がいかに共感できるものに思えても、現実には、仕事をもつ人にとって大変に難しいことだとわかってきます。すると、どうしてもうまくいかず、今回のケースのように、戸締まりがされたあとで夫がそっとベッドに忍び込み、妻がまだ起きていると気づいて驚くことになります。そして、非難に満ちた様子の妻に迎えられるのです。よく知られているこの種の状況を、これ以上描写する必要はないでしょう。ここでは、妻の要求のほうにも少し誤りがありますが、同じ考え方をする男性がとても多いということも見落としてはいけません。けれどいまは、特別に優しい扱いを求めると、別の道へ向かってしまうこともあるというほうへ話を進めましょう。今回のケースでは、次のようなよくある展開が見られました。ある晩、外出する用事のあった夫に、つきあいで出かけることは少ないのだから、今回はあまり早く帰らなくていいと妻が言ったのです。おどけた調子で言った彼女ですが、その言葉は本気でした。これは一見、いままでの姿と矛盾しています。けれど、くわしく見れば、一致していることがわかります。彼女は自覚はなくても、厳しくしすぎないほうがよいと感づいているのです。どんな関係でも、表面的にはとても愛想よくふるまっていました。

このケースに大きな問題はないのですが、心理学的関心からとりあげています。彼女が夫にかけた言葉の本当の意味は、これから主導権をにぎるのは**妻の側**だということです。妻の許可があって遅い帰宅が可能になったわけですが、夫の側からの行動だったら、彼女はひどく気分を害したでしょう。彼女の言葉は全体の関連をごまかすように働いています。いまや彼女が指揮する側であり、夫はつきあいの義務を果たしているだけなのに、妻の願望や意志に左右されているのです。

彼女は自分で指示したことだけは耐えられるという新しい発見と、優しく扱われることを求める点をつなげると、急にあることが見えてきます。この女性の一生は、二番手を演じたくない、いつも優越していたい、非難されて立場を失いたくない、自分のいる小さな輪の中心でいつづけたいというとんでもない衝動に貫かれているのです。この人生のラインは、あらゆる状況で見つかります。たとえば、家政婦が代わることになったときのことです。彼女は非常に興奮して、それまでの支配権を新しい家政婦に対しても維持できるかを明らかに心配していました。外出の用意をするときも同じです。自分の支配権が絶対に守られているように思える場にいることと、家を出て「見知らぬ人のなか」に入ることとは、彼女にとって違うのです。表に出れば、急に自分の思いどおりにならなくなり、車が来ればよけるしかなく、ごく小さな役割を演じることになります。この緊張の原因と意味は、彼女が家庭でどれだけ権力をふるっているかを考えたときにはじめて明らかになるのです。

こうした現象は共感できる形で現れることが多いので、その人が苦しんでいるとは最初はまったく気づきません。この苦しみは大きく高まることがあります。

今回のケースのような緊張は、高まったらどうなるかを想像してみるとよいでしょう。たとえば、市電に乗るのをためらう人がいます。市電は自分の思うとおりにならないからです。

これが進むと、ついには家からまったく出たがらなくなります。

発展するという点で、今回のケースは参考になる例です。子ども時代に受けた印象がその後もくりかえし影響を与える様子を示しています。彼女の視点で見れば、彼女が正しいことは否定できません。なぜなら、温かさや敬い、優しい扱いを強く求めることに照準を合わせて突き進んでいるとき、いつも負担が重くて気が高ぶっているようにふるまうやり方は、そうわるい手ではないからです。この手を使うことで、あらゆる批判から逃れられるだけでなく、周囲の人がいつも優しく手伝って負担を減らしてくれるように仕向け、精神のバランスを乱すようなことを避けられるのです。

愛に飢えた少女時代の影響

それでは、女性の人生を大きくさかのぼってみましょう。そこで聞きとれたのは、学校に行っていたころからもう、宿題ができないとひどく興奮していたということでした。先生は彼女を優しく扱わざるを得なかったそうです。また、彼女は3人きょうだいで、弟と妹がいました。弟とはけんかばかりしていました。いつも弟がひいきされているように思え、とくに、弟の成績ばかりが注目を集めていることに腹立ちを感じていました。最初は優秀だった彼女は、よい成績をとっても関心を示されなかったために耐えきれなくなり、どうして同じように見てもらえないのかよく悩んでいました。

少女だった彼女が**対等**を求めていること、子どものころから強い劣等感をもっていたらしいことがわかります。彼女は劣等感を埋め合わせようとしていました。そして、学校でわるい生徒になるという方法をとったのです。わるい成績をとることで、弟を上回ろうとしたのでした。これは一歩引いたとかではなく、両親の目を強く引くために幼稚な考えからしたことです。彼女はいくらか意識して行っていたようで、わるい生徒になりたかったとはっきり語っています。ところが、成績が下がっても両親はまったく気にしてくれませんでした。すると、ふたたび目を引くことが起こります。彼女は急に成績を回復させたのです。けれど、ここで妹が妙に目につく形で登場してきます。妹も成績がわるかったのですが、母親からは弟と同じくらい気にかけられていました。その理由が変わっていて、患者の女性は学科だけだったのに対して、妹は生活態度でも評価が低かったのです。そのため、妹のほうがずっと注目されていました。生活態度でのわるい評価には、まったく別の社会的な作用があったからです。特別な措置が求められ、両親は妹のほうに手をかけざるを得ませんでした。

つまり、対等を求める闘いはひとまず失敗したわけです。しかし、闘いに失敗したからといって、対等を求めることをやめたわけではないということは頭に入れておかなければなりません。この状況に耐えられる人はいません。くりかえし新たな動きが生まれ、新たな努力がなされて、人の性格が作られていくのです。

これで、彼女の大げさなところ、せっかちなところ、いつも重荷に苦しんでいるように見せたがるところがさらに理解できるようになりました。もともとはすべて母親に向けられたもので、なんとか妹よりも自分に親の注意を向けさせようとしていたのです。そして同時に、妹よりも扱いがわるいことを非難していたのです。当時作られた根本的な気持ちが、彼女にはまだ残っています。

さらに彼女の人生をさかのぼることができます。とくに印象に残っている子ども時代の体験として彼女が語ったのは、3歳のときの出来事でした。生まれたばかりの弟を木片で殴ろうとしたのです。母親が注意していたおかげで、たいしたことにはなりませんでした。彼女はきわめてするどい察知力から、このころにはもう、自分が冷遇されて評価が低いのは女だからだということに気づいていました。

男になりたいとしょっちゅう口にしていたことを、彼女ははっきりと覚えています。つまり、弟が生まれたことで、それまでの温かい居場所からおろされたと思っているだけでなく、男児である弟が自分よりもずっと優位に扱われていることでも暗い気持ちになったのです。欠けた部分を補おうとして、彼女はそのうち、重荷を背負っているように見せる方法を思いつきました。

夢もまた、動きのラインが精神生活にどれほど深く根づいているかを示すものです。女性は、自宅で夫と話す夢を見ています。ただし、夫は男の姿ではなく、女の姿をしていました。これはまるでシンボルのように、体験や関係に対処するときの彼女のパターンを示しています。夢の意味は、彼女が夫と対等になったということです。夫はかつての弟のような優越した男ではなくなり、もう女のような存在になっています。2人のあいだにはすでに上下の関係はありません。彼女は夢のなかで、子ども時代にずっと望んでいたものを手に入れたのです。

さて、わたしたちは精神生活の2つの点をつなげることで、人の人生のラインを見つけだし、一貫した個人像を得ることができました。

これをまとめると次のように言えます。わたしたちが向きあうのは、愛すべき手段を使って優越した役割を演じようとひたすら進む人なのです。

第六章　どのように人間は準備するのか

子どもの遊びが意味するもの

　個人心理学の原則は、**精神生活の現象はすべて、頭に浮かぶ目標に向かう準備だと解釈できるということです**。これまで記してきた精神生活のありさまは、個人の願望を満たしてくれそうな未来に対して準備しているということを示しています。これはごく人間的な現象で、だれもがこのプロセスを経験すると考えられます。

　古い神話や伝説が、いつかそうなるとか、かつてはそうだったと理想の状態についてしきりに語るのも同じことです。あらゆる民族がかつて楽園があったと信じていますし、あらゆる宗教のなかにも人類の願望の名残が見られます。そこでは、すべての困難が克服された未来が来ると信じられているのです。天国の幸福や永劫回帰の示唆も、また、魂はくりかえし新たな姿を得るという信仰も同じことを伝えています。あらゆる童話は、幸せな未来への希望を人類が決して失わなかったことを証明しています。

子どもの生活には、未来への準備をはっきり示す遊びという現象があります。親や教育者は、遊びを気まぐれな思いつきととらえてはいけません。遊びは教育を補助し、精神や空想や適応能力を刺激するものです。遊びのなかには決まって未来への準備が示されています。子どもがどうふるまうか、なにを選ぶか、どのような意味を感じるかといったところにそれは現れます。同じように遊びのなかには、周囲とどのような関係を作っているか、周囲の人への態度はどうか、友好的か敵対的か、支配する傾向がとくに強く出ているかが示されます。さらに、人生にどのくらい適応しているかも観察できます。つまり、遊びは子どもにとって非常に大事なのです。子どもの遊びを未来への準備ととらえることをわたしたちに教えてくれたのは、教育学者のグロース教授です。教授は、動物の遊びの根底にもこうした傾向があることを証明しました。

しかし、これですべてではありません。遊びは共同体感覚を実証するものでもあるのです。

子どもの共同体感覚は強いため、子どもはどんなときにもそれを満たそうとし、力強く引き動かされます。遊びを避ける子どもには、共同体感覚を育てることに失敗している可能性が疑われます。こうした子どもはすぐに後ずさり、ほかの子どもと遊ぶときに場をしらけさせることばかりします。そんなことをしてしまうのは、高慢で自己評価が不十分なために、自分の役割をきちんと演じられないのではないかと恐れているからです。一般的に、子どもの共同体感覚がどのくらいあるかは、遊んでいるところを見ればまずわかります。

遊びのなかにはっきりと現れるもう1つの要素は、命令や支配の傾向がある優越という目標です。これを把握するには、子どもが強引に前に出ようとするか、その場合どの程度か、自分の傾向を満足させ、支配する役割を演じられる遊びをどのくらいしたがるかを見ます。人生への準備、共同体感覚、支配欲という3つの要素のどれも含まない遊びはほぼ見つかりません。

遊びがもつ要素はもう1つあります。子どもが示す仕事の可能性です。遊んでいるときの子どもは多少なりとも自立した存在であり、他者とのつながりのなかで成果を出すことが求められます。この創造的な要素が強い遊びはたくさんあります。なかでも、子どもが創造力を大いに働かせることができる遊びには、将来の仕事に深く関わる要素が隠れています。ですから、多くの人の経歴には、最初は人形に服を作っていて、のちに大人用の服を作るようになったなどのケースがあるのです。

遊びは子どもの精神の成長と強く結びついています。いわば子どもの仕事のようなものであり、また、そう解釈すべきものです。そのため、遊んでいる子どもの邪魔をするのはとても害のあることです。遊びを時間の無駄と考えてはいけません。未来への準備という目標に目を向ければ、将来どんな大人になるかが多少見えてきます。ですから、子ども時代について知ることは、人を判断するのに役立つ重要なプロセスなのです。

注意深い人の理由

人間の中心を占める精神器官の能力は注意力です。自分の内外の出来事を感覚器官で注意深く感じとろうとするとき、わたしたちは独特の緊張した感覚になります。しかもその緊張感は全身に広がるものではなく、目など、特定の感覚領域に限定されます。そこでなにかが準備されているような感覚になるのです。実際、運動が行われ（目であれば視線を向ける）、それが特別な緊張を感じさせていると言えます。

注意を向けることで、精神器官や運動器官の特定の領域が緊張するのであれば、それはつまり、ほかの緊張がさえぎられるということです。そう考えれば、わたしたちがなにかに集中すると、あらゆる邪魔を排除したくなることが説明できます。

要するに、精神器官にとって注意を向けるとは、準備を整えて、現実と特別な形でつながるということを意味します。特別な目的のために全力を尽くさなければならない非常事態で、攻撃か防御の準備をしているのです。

病気や精神的な問題をかかえている場合は除いて、注意力はだれにでもあります。ところが、注意力を欠いた人を目にする機会は少なくありません。これには多くの理由があります。第一に、疲れていたり病気だったりすれば、注意を働かせる能力は低下します。また、注意を向けるべき対象が、人生に対する自分の態度や動きのラインと合わないために、まるで注意を払おうとしない人もいます。こうした人の注意力は、なにか人生のラインに関わることが問題になるとすぐ目覚めます。

ほかにも、物事に反対する傾向があると、注意力を欠くことがあります。反対のことばかりする子どもは、どんな提案を受けてもノーと答えます。子どもが目立たない形で反対することもあります。こうした場合にとるべき教育法は、子どもが無意識にかかえる人生のラインに教材を合わせ、子どもと人生のラインに折り合いをつけることです。すべてを見て聞き、あらゆる現象や変化を感じとる人もいます。ほとんど視覚だけで世界と向きあう人もいれば、聴覚ばかりを用いる人もいます。聴覚タイプは、目に見えるものが対象の場合、なにも見ず、注意を向けることも向ける気もありません。期待した注意が得られないことが多いのは、こうしたことも理由になっています。

注意を得るためにもっとも重要な要素は、本当に深い位置にある**関心**です。この関心は、注意よりもずっと深い精神の層にあります。関心があれば注意が向くのは当然のことで、教育で働きかける必要はありません。

教育は、人が関心をもつ領域を特定の目的のために利用する手段にすぎません。人間の成長は完璧に行われることはないため、どうしても誤った方向へ進んでいきます。こうした誤った態度によって、当然ながら関心も影響を受け、人生への準備には重要でないことへ向かっていきます。関心が自分にばかり向かったり、手にした権力に向かったりすれば、とにかく力に対する関心と関わるところ、なにか得られそうだ、あるいは自分の力がおびやかされている、と感じるようなところに注意が払われるようになります。また、力に対する関心が別の関心に変われば、長く注意を引くことはできなくなります。とくに子どもでは、評価を得られることにすぐに注意を向ける様子がはっきりと見られます。けれど、得るものはなさそうだと思えば、たちまち注意が失われます。きわめて多様な流れや奇妙なことが起こり得るのです。

注意力に欠けるというのは、そもそも、注意を求められることから逃げようとしているということです。注意がそれているというのは、単に別のことに注意を向けている状態です。ですから、「集中できない」という言い方は正しくありません。なにか別のことであれば、きちんと集中できるのです。いわゆる意志や**エネルギーの欠如**も、**集中力の欠如**と同じような状態です。この場合も、たいてい、かなり強い意志やエネルギーが発見されます。でも、なにか別のほうへ向かっているのです。

こうしたケースの治療は簡単ではありません。治療するには、人生のライン全体を解明するしかありません。いずれにしても、なにか別のことを目指しているから注意力に欠けるのだと推定できます。

注意が散漫という状態は、多くの場合、変わらない性格として残ります。仕事を割りふられたのに、なんらかの形で断ったりきちんとできなかったりして、周囲に迷惑をかける人はよくいます。求められる仕事に手をつけるようになると注意が散漫になるのです。

忘れやすい人の特徴

怠慢とはふつう、人の安全や健康が、必要な配慮をされずに危険にさらされる場合に使われる言葉です。怠慢は、人が完全に不注意になっていることを示す現象です。注意が不足するのは、周囲の人にあまり関心がないからです。怠慢の特徴を考慮すると、たとえば遊んでいる子どもを見て、自分のことばかり考えているか、他者のことも十分考えているかが読みとれます。この種の現象は、人の公共心や共同体感覚を測るたしかなバロメーターです。共同体感覚が十分に育っていない人は、たとえ罰で脅されたとしても他者への関心をもつことがなかなかできません。共同体感覚が育っている人ならば、苦もなく関心をもてたり、すでにもっていたりします。

ですから、怠慢というのは、共同体感覚を欠いている状態なのです。とはいえ、ここであまりに不寛容になるのもおかしいでしょう。期待される関心をもたない**理由**も、つねに考えていかなければなりません。

集中力が制限されると、人は**忘れやすく**なったり、大事なものを**紛失**したりします。ある程度の注意力や関心はあるのでしょうが、それが十分でなく、なにか不快なことで低下しているのです。この不快感が、ものをなくしたり忘れたりする行為を導き、うながし、起こさせています。たとえば、子どもが本をなくす場合などがそうです。たいていはすぐに、子どもが学校の環境にまだなじんでいないことが確認されます。また、しょっちゅう鍵をどこかにおき忘れたりなくしたりする主婦もいます。この場合も、家事に慣れないということが判明するものです。

忘れやすい人はあからさまには反抗しませんが、すぐ忘れるという行為によって自分の課題にあまり関心がないことを伝えています。

無意識の力とは何か

ここまで読めば、出来事や現象について、体験者本人はたいてい十分には言い表せないことがわかったでしょう。たとえば、注意深い人がなんでもすぐに気づく理由を自分で言えることはほとんどありません。つまり、意識の領域では見つからない精神器官の能力があるのです。無理に意識して注意することはある程度まではできるとしても、注意に対する刺激は、意識のなかでなく関心のなかにあります。この関心もまた、ほとんどが無意識の領域に存在するのです。無意識というのは精神器官の働きで、領域を越えて作用します。そして同時に、精神生活におけるもっとも強力な要素でもあります。そこには、人間の動きのライン、（無意識の）人生のラインを作る力が見つかります。意識のなかにあるのはそれの反映でしかなく、ときにはまったく逆の形をとっていることさえあります。たとえば、虚栄心の強い人はたいてい自分の虚栄心に気づいておらず、反対に、控えめに見えるようにふるまいます。虚栄心が強くあるためには、虚栄心を自覚している必要などないのです。それどころか、自覚してしまうと、その人の目的にとって都合がわるくなります。

知ってしまえば、控えめにふるまうことができないからです。自分の虚栄心には目を閉じて、注意をほかにそらしているときだけ、見せかけの安全をつかめます。こうして、プロセスの大部分は暗がりのなかで進行します。もしこれについてその人と話そうとすれば、会話は難航するでしょう。こういう人には、まるで邪魔されるのを防ぐように、身を翻して逃げる傾向があります。けれどこの態度は、わたしたちの見解を裏づけてくれるものでしかありません。こうした人は演技を続け、仮面をはごうとする人を邪魔者だと感じて防戦しようとします。

このようなふるまい方を見ると、人間を２つにわけることができます。内面の出来事をよくわかっているか、あまりわかっていないか、つまり、意識の領域が大きいか小さいかというわけ方です。多くの場合、これは、人生の小さな領域に注意が集まっているのか、それとも多方面につながって、人生や世界の出来事という大きな領域に関心があるのかに符合しています。苦境にあると感じている人は、人生の小さな部分に自分を限定していますし、人生からやや顔をそむけている人は、共生に前向きな人ほどはっきりとは人生の課題が見えていません。関心が限られているので、細かいことは把握できないのです。人生の課題のごく一部しか見ず、全体を眺めることはできません。

全体に目を向けることに労力をとられるのを避けているのです。個々のケースで考えると、人生に対する自分の能力を知らないで過小評価している人が、自分の誤りについても十分に把握せず、本当はエゴイズムから行動しているのに自分を善人だと思っていることはよくあります。反対に、自分をエゴイストだと思っている人が、よく見ると、きちんと話の通じる相手だとわかることもあります。人が自分のことをどう思っているか（または、他者からどう思われているか）は、重要ではないのです。重要なのは、社会のなかで見せる全体的な態度です。人が社会でなにを望み、なにに関心をもつかは、この態度によって決まり導かれます。

実際、人間には2つのタイプがあります。1つは意識的に生きるタイプで、先入観をもたずに人生の課題と向きあいます。もう1つは先入観をもって人生や世界のごく一部だけを見るタイプで、つねに無意識に自分を動かして、適当な理屈をつけます。そのため、ともに生きる2人の人間のあいだに、一方が反対ばかりするために困難におちいるという事態が起こります。双方が反対するケースのほうが多いかもしれませんが、この一方ばかりが反対するケースも珍しくはありません。反対する人は自分の行動に気づいておらず、自分は平和主義で、協調を一番大事にしていると信じてさえいます。しかし、事実は反対で、相手がなにか言えば、必ず側面をついて反論します。それも表面的にはわからないようなやり方をするのです。けれどよく見れば、言葉のなかに敵対的で好戦的な雰囲気があるのがわかります。

こうして多くの人は自分のなかに、自覚のないまま働く力を育てます。

無意識のなかにあるこの力は人生に影響を与え、もし見つからなければ重大な結果をもたらす可能性があります。ドストエフスキーはこうした例について小説『白痴』のなかで、心理学者を感嘆させるような形で書き表しています。ある女性が、人が集まったおりに、小説の主人公である公爵に向かって当てこするような口調で、貴重な中国製の花瓶を落とさないように言いました。公爵は気をつけると約束します。けれど数分後、花瓶は床に落ちて割れていました。集まった人たちはこれを偶然とは思わず、女性の言葉に気を病んだ公爵の性格から生じた自然な展開だと見なします。

人を判断するとき、わたしたちは意識的な行動や発言だけから推論したりはしません。多くの場合、思考や行動のなかに漏れでる細部のほうが、ずっと正しくたしかな手引きになります。たとえば、爪をかむ、鼻をほじるといった目につきやすい悪癖をもつ人は、その悪癖で自分が反抗的だと伝えていることにまったく気づいていません。

悪癖を身につけることになった関連をわかっていないのです。こうした子どもは、爪をかんだりすることで何度も注意されてきたはずです。それでもやめないのなら、反抗的であることは明らかでしょう。わたしたちの見る目を磨けば、人のあらゆる動きから、事前の情報がなくてもさまざまな推論を引きだすことができるようになるでしょう。こうした細部のなかにも、その人の全体の姿が隠れているのです。

2つの例をあげましょう。どちらのケースも無意識のまま行われ、無意識のままである必要がありました。そこにはどんな意味があるのでしょうか。また、この2つのケースは、人間の精神には意識を指揮する力があることも示しています。つまり、精神の動きにとって必要であれば意識して行い、反対に、同じ目的のために必要であれば、無意識のままとどめたり、無意識に行ったりすることができるのです。

自分は醜いと言い張る青年の深層

1つ目のケースは若い男性です。男性は第1子で、妹とともに育ちました。母親は彼が10歳のときに亡くなっています。それ以降は、父親が教育を担いました。父親は知的で、情に厚く、とても道徳的な人で、息子の向上心を伸ばし駆り立てようとしていました。この男性患者もつねに前に出ようとして、優秀に育ち、実際に道徳的にも学問の面でもいつも一番でした。これは父親をとても喜ばせました。患者は幼いころから、人生で重要な役割を果たすよう、父親から運命づけられていたのです。

けれど、人生に対する患者の態度には、父親が心配になって変えなければと思うような部分が現れてきました。患者にとって、妹が手強いライバルになっていたのです。妹もまた優秀に育っていました。そして、弱い立場を武器にして勝とうとし、兄を蹴落として認められようとしていました。妹は小さな家庭のなかでかなり優位に立っていて、患者にとってこの闘いはつらいことでした。妹が相手だとほかでは容易に手に入る名声や評価が得られず、彼のほうが優秀なことで仲間からは得られていた多少の服従も、妹から引きだすことはできませんでした。とくに思春期になったころには、患者が対人関係で奇妙な様子を見せていることに、父親はすぐに気づきました。まったく社交的でなく、知人や見知らぬ人とは会いたがらず、相手が女子となれば逃げだしたのです。父親は最初、こうした様子をおかしいとは思いませんでした。けれどその後、患者はほぼ家から出なくなり、夜遅くでなければ散歩に行くことも嫌がるようになりました。ひどく内にこもり、知人にあいさつすらしようとしません。しかし、学校での立場や父親に対する態度はいつも問題なく、素質は優れていると周囲は信じていました。

患者をもうどこにも連れだせなくなったとき、父親はやっと医者を訪ねました。何度か面接すると、次のことがわかりました。患者は耳がひどく小さいために、人から醜いと思われていると考えていたのです。実際はそんなことはありませんでした。その考えには同意できないこと、それに頼って対人関係から逃げようとしていることを伝えられると、患者は自分は歯も髪も醜いと言い張りました。これも事実ではありません。患者とのやりとりからは、彼が大きな野心でいっぱいであることがわかります。

本人も自覚していて、原因の1つは、努力して人生で高い地位を得ることを父親が強いたことだと話しました。彼が人生で一番したいことは、学問に専念することでした。この願いが共同体や共生を避ける傾向と結びついていなければ、とくに目を引かなかったでしょう。彼はどうしてこんな幼稚な考えをもつようになったのでしょうか？　それは、もし彼の考えが正しければ、人生に踏みだすのに用心してびくびくしていてもしかたがないことになるからです。醜さはたしかに人に困難をもたらすことがあります。

さらに調べると、彼がある目標をかかえ、猛烈な野心で追求していることが判明しました。これまで一番だった彼は、ずっとその状態を保ちたかったのです。この目標を達成するには、集中、勤勉など、さまざまな手段があります。彼にはそれだけでは足りなかったのでしょう。自分に不要と思えるものを極端なほど人生から排除しようとしました。これを言葉にして「有名になって学問に没頭したいから、すべての対人関係を払いのける必要がある」と言うこともできたでしょう。けれど彼はそんなことを言いも考えもしませんでした。反対に、目的のために注意をそらし、自分は醜いなどと主張したのです。このどうでもいい主張は、彼が本当にほしいものを手に入れるのに役立ちました。ひそかな目標を追求するために、熱を込めておかしな理屈を述べたり、大げさな説明をしたりするだけでよかったからです。もし彼が一番になるために禁欲主義者のように生きたいと言っていれば、だれでもすぐに彼の目標を見抜いて理解したでしょう。一番になりたいという考えは、彼の内面に染みわたっていたのに、意識はされていませんでした。というのは、この目標のためにすべてをかけようとは**考えていなかった**からです。もし目標のためにすべてを犠牲にしようと意識して考えていたなら、醜いから社会に出ることは**許されない**と話すときほど安全ではいられなかったでしょう。一番になりたいから周囲との関係を避けるなどと公言すれば笑われます。自分でもその考えにぎょっとするでしょう。この考えは意識して考えられるべきものではないのです。周囲にも自分にも見つけられたくない考えというのがあります。だから、この考えは彼にとって無意識のままでいるのがよかったのです。

こうした人は、それまでの態度を維持するために、自分にも主要な動機を明らかにすることを許しません。もしこの動機を本人に理解させれば、精神のメカニズム全体を乱してしまいます。本人が防がなければならないと思っていたことが起こるからです。意識して考えてはいけない思考のプロセス、自覚すると目標の邪魔になる思考のプロセスが明らかになってしまいます。邪魔になる考えはわきにおき、自分の態度を後押しする考えは拾いあげるというこの現象は、よく見ると、ごく人間的な現象だとわかります。人間はみんな、自分の考えと態度に必要なものしか見ないからです。ですから、わたしたちを助長するものは意識され、理屈の邪魔になりそうなものは無意識の状態に留まるのです。

2つ目は、とても有能な青年のケースです。父親は教師で、彼はいつも1番でいることを厳しく求められました。このケースでも青年が非常に優秀であることが認められています。彼はどこに行っても一番でした。対人関係では愛される人物で、友人も何人かいました。

18歳のころ、大きな変化が起こりました。青年はなにもかもから退き、なにも楽しまず、不機嫌で不満がちになりました。友人ができてもすぐにだめになります。だれもが彼の態度を不快に思いました。けれど父親だけは別でした。息子がいっそう勉学に励めると思っていたときは、引きこもった生活を都合がよいものだと感じていました。

治療の際、青年は、父親に人生を台無しにされた、自信も生きる勇気ももてない、孤独のなかで人生を過ごすしかないと訴えつづけました。すでに成績も下がり、大学に落ちていました。彼の話では、変化が始まったきっかけは、現代文学の知識が少ないことを友人たちに笑われたことでした。その後も同じようなことが何度か起きると、彼はだんだんと孤立して、あらゆる人間関係から距離をおくようになりました。このとき彼は、失敗の責任は父親にあるという考えにすっかり支配されていました。両者の関係は日に日に悪化しました。

英雄理想が崩れたとき

2つのケースは、多くの点で似ています。1つ目のケースでは患者は妹の抵抗にあって失敗し、2つ目のケースでは父親と敵対的な関係を作っています。どちらの患者も、わたしたちが**英雄理想**と呼んでいる理想を人生のラインとしてもっていました。英雄の興奮からさめてしまった2人は、すべてを投げだして、完全に引きこもりたくなったのでしょう。けれど、2つ目のケースの患者が「ぼくはもう英雄ではいられない。ほかの人のほうが優れているのだから、ぼくは後ろに引いてつらい一生を送ろう」などと言うと思うのは間違っています。たしかに彼の父親は正しくなく、その教育はひどいものでした。自分の悪質な教育にばかり集中して、何度も力説していました。ところが患者は、この観点に立って、父親の教育がわるかったことをよりどころにして、引きこもるのは正当だと見なそうとしました。おかげでもう敗北に苦しまずにすみ、自分の不幸を父親のせいにできたのです。

こうして、自分の自意識と評価を部分的に救うことができました。彼には少なくとも輝かしい過去があり、その勝利が続けられなかったのは、父親のひどい教育で成長を妨げられたせいだということになったのです。

青年のなかには、およそ次のような思考のプロセスが無意識のままに存在していました。「人生の本舞台に近づいたいまは、一番になることは簡単でないのはわかっているから、人生から後ずさるために全力を尽くそう」。けれど、この考えは意識して考えるべきものではなく、こんなことを口に出して言う人もいません。ところが、まるでこの考えを計画しているかのようにふるまうことが人間にはできるのです。そのために青年は別の理屈をもちだしています。父親の教育の失敗だと言いつづけて、社会と人生の決断を回避することに成功していますこうした思考のプロセスが意識されたら、ひそかな企みのある彼には邪魔なだけでしょう。だから、無意識のままでいなければならなかったのです。自分が無能だと口にすることはできませんでした。彼には輝かしい過去があったからです。いま勝利を得られていないのを、自分のせいにするわけにはいきませんでした。そこで、態度で示すことで、父親の教育がわるかったと、いわば立証することにしたのです。青年は裁判官であり、原告であり、被告でありました。こうした立場を彼が手放すでしょうか。父親のせいだという話になるのは、青年が望んでいるあいだだけ、手に入れた有効な手段を必要としているあいだだけであることを、彼は無視していました。

夢を観察すればわかること

夢については、昔から、人間の精神生活を推論できると言われています。ゲーテと同時代の科学者リヒテンベルクはかつて、人間の本質と性格は、言葉や行動よりも夢からのほうが推論できると語っています。これは少し言いすぎでしょう。わたしたちは**個々の**現象はごく用心して扱い、ほかの現象と結びつけてから解釈するという立場をとっています。そのため、わたしたちが夢から人の性格を推論できるのは、1つの夢から得た見解が、どこか別のところからも裏づけられる場合だけだと考えます。

夢の観察は古くから行われています。文化が育て残したさまざまな要素、なかでも神話や伝説からは、現代よりも昔のほうがずっと多く夢にとりくんできたことが推察されます。また、夢についてもっと理解していたようにも思います。ギリシャなどで夢がどれほど大きな役割を果たしていたか、想起してみてください。キケロは夢についての本を著していますし、聖書にも夢の記述があって、巧みな解釈がなされています。どんな夢かを話しただけで、みんながその意味をすぐに理解することもあります（聖書でヨセフが兄たちに語った麦束の夢など）。まったく別の文化を土台とするニーベルンゲン伝説からも、当時、夢には証明力があったことが読みとれます。

わたしたちが人間の精神について夢から手がかりを得ようとするときは、夢のなかで超自然的な介入が行われると考えるような幻想的な夢解釈の方向には進みません。わたしたちは経験というたしかな道だけを進み、夢で得られる解釈に頼るのは、別の観察からさらに仮定が確かめられた場合だけにしています。

いずれにしても目を引くのは、夢と未来の関連を特別視する傾向が現代までずっと続いていることです。ここでは、夢想家は自分の見た夢に支配されることまであるという話に少しだけふれておきましょう。わたしたちの患者の1人は、まっとうな仕事はどれも嫌がって、株取引をするようになっていました。いつも自分の見た夢に従って株を売買していました。実際に、一度、夢に従わなかったときに損を出してもいます。

こうした人は、目が覚めているときにいつも注目していることしか夢に見ません。あるいは、いくらか相場が読めているときに夢で自分に暗示をかけているのです。そのため彼はしばらくのあいだ、夢で見たとおりにしてずいぶん稼いだと言い張ることができました。

ところがその後、もう夢には頼らないと言いだしました。すべて失ってしまったのです。もちろんこれは夢に頼らなくても起こることで、奇跡を信じさせるようなこととは関係ありません。なにかに集中的にとりくむ人というのは、夜も休めないものです。まったく眠れずに考えごとをしている人もいれば、眠れたとしても、夢のなかでも自分の計画で頭がいっぱいの人もいます。

睡眠中、わたしたちの思考の世界では、とても奇妙な形で前日と翌日がつながれています。人がふだん人生に対してどのような態度をとっているか、どのように未来への橋をかけているのかがわかれば、夢のなかでの奇妙なつながりも理解し、推論することができます。夢の根底にあるのは、**人生に対する態度**なのです。

夫を責めるという夢の意味

次のような夢を語った若い女性がいました。結婚記念日を忘れられて、夫を責めた夢です。この夢自体がすでにいくつかのことを示しています。仮に夫が結婚記念日を忘れる可能性がある場合、結婚生活になんらかの困難が生じていることを示します。彼女が我慢させられていると感じるような状況になっているということです。その場合、彼女は、自分も記念日を忘れていたと説明するでしょう。しかし、彼女は記念日に気づいて、夫は指摘されてやっと思い出すわけです。そうなれば、彼女のほうが優れていることになります。彼女に聞いてみると、そんなことは実際には一度もない、夫はいつも記念日を覚えていると答えました。つまり、夢の中心には、いつかそんなことが起こるかもしれないという未来への不安があるのです。ここから推測を進めると、彼女には、非難できそうなことを見つけて、よくわからない理屈をもちだす傾向、単にいつか起こる**かもしれない**ことで夫を責める傾向があると考えられます。

さて、確信するには、わたしたちの推論を裏づける別の証拠も手に入れる必要があるでしょう。幼いころに印象に残った出来事を尋ねると、いつも記憶にあるという話をしてくれました。3歳のとき、彼女は彫刻の入った木のスプーンをおばからもらって、大喜びしました。うれしくてそれで遊んでいると、スプーンが小川に落ちて、流れていってしまいました。彼女は周囲がどうしたのかと思うほど何日も悲しみました。

夢との関連が認められるのは、なにかが「流れていってしまう」かもしれないという可能性を予想している点です。いまの彼女にとって、それは結婚です。夫が記念日を忘れてしまうかもしれないのです。

彼女は夫に高い建物に連れていかれる夢も見ています。階段は延々と続き、高く来すぎたのではないかと思ったところで、彼女はひどい目眩がして、不安の発作に襲われ倒れました。起きているときでも、高所で目眩がすれば、同じような状態になります。これは、高さへの恐怖というよりも、深さへの恐怖を表しています。この夢と最初の夢を結びつけ、2つの夢に含まれている思考と感情を1つに合わせると、彼女は深く転落することを不安視している、つまり不幸を恐れていることが見えてきます。

それはきっと夫の愛情をなくすことです。もし夫がなんらかの形で結婚生活に耐えられなくなり、もめごとを起こすようになったら、どうなるでしょうか？　彼女は自暴自棄になって、場合によっては死んだように倒れ込むでしょう。実際、家庭でいさかいがあったときに、そうしたことが起きています。

ここまでで、わたしたちは夢の理解にだいぶ近づきました。夢のなかで思考や感情が再現されるときにどのような材料が使われるか、人がかかえる問題を表現するのに役立つときにどのような材料が使われるかは、どうでもよいことです。夢のなかでは、人生の問題が**比喩として**現れます（深く転落しないために、あまり高いところまで行ってはいけない！）。夢を詩的に再現するゲーテの詩『結婚式の歌』を見てみましょう。騎士が地方から戻ると、城が荒れ果てていました。疲れてベッドに横たわった彼は、夢のなかで小人がベッドの下から出てくるのを見ます。彼の目の前で、小人たちは結婚式を行います。騎士はその夢で心地よい気分になりました。まるで、結婚しなければという考えを強めたかったかのような夢です。小さな形で見たものはすぐに大きな形で実行され、彼は自分の結婚式をあげました。

この夢には、すでに見てきた要素があります。ここには明らかに、ゲーテ本人が結婚という課題に直面したときの記憶が隠されています。夢を見る人が、切迫した状況のなかで、現在の立場に対してどのような態度をとるのか、結婚を求めてどのような態度をとるのかが現れています。自分も結婚するのが一番よいと、翌日決心するために、夢のなかで結婚という課題にとりくんでいるのです。

青年の夢判断の結果は

次は28歳の男性の夢です。そこには上下へ向かうラインが見られ、まるで体温曲線のように、精神生活を満たす動きを示しています。彼の夢には、劣等感がはっきりと認められ、上を目指す努力や優越の追求とつながっています。男性の夢の話はこうです。

男性は大人数で旅行に行きました。乗っている船が小さすぎたため、途中で船をおりて、その街に泊まることになりました。夜中、船が沈むという知らせが届き、水を汲みだして沈没を防ぐために全員が呼びだされました。荷物に貴重品が入っていることを思いだして、男性が急いで船へ行くと、みんなもうポンプのところにいるのが見えました。しかし、作業には加わらずに、荷物部屋へ向かいます。リュックサックは窓から引きだすことができました。そのとき、横に折りたたみナイフが落ちているのを目にしました。彼はそれをとても気に入り、ポケットにしまいます。船がどんどん沈んでいたので、出くわした知人といっしょに、目立たないところから海に飛び込みます。そして、すぐに岸にたどり着きました。防波堤が高かったため、そのまま歩いていくと、深くて急な崖に行きあたりました。彼はそこをおりるしかありませんでした。滑りおり（知人とは船をおりたときからはぐれていました）、滑るスピードが増していき、どこかにたたきつけられて死ぬのではないかと思いました。やっと止まると、その先には1人の知人がいました。ふだんは接点のない青年でしたが、ストライキがあったときに積極的に先導していたことと、優しそうな様子から、よい印象のあった人でした。青年は非難するように声をかけてきました。まるで船にいた人たちを見捨てたことを知っているかのように「**おまえ**はここでなにをしている？」と言ったのです。男性は崖下から逃げだそうとしましたが、辺りは急な斜面に囲まれています。その斜面には、ロープが何本もつるされていました。けれど、男性にはロープを使う勇気はありませんでした。ひどく細かったのです。なんとか崖を登ろうとして、男性は何度も滑り落ちました。そして、やっと上に着きました。どうやったかは覚えていません。まるで焦って飛び越えようとしたかのように、この部分を故意に夢に見なかったのではないかと、男性は思っています。崖の上の端には道があり、崖と道をわける柵が設置されていました。道には人が行き交い、男性ににこやかにあいさつしました。

男性の人生に目を向けてみましょう。まずわかったのは、5歳まで重い病気をくりかえし、その後もたびたび病気で寝ていたことです。すぐに体調を崩すために両親に心配されて守られていた男性は、当時、ほかの子どもたちといっしょになにかすることはほとんどありませんでした。大人とつながろうとしても、子どもが出しゃばったり、大人に交じったりしてはいけないと両親から言われて締めだされました。こうして彼は、幼いころから、周囲との共生に関わることや、他者との絶え間のない接触でしか学べないことを体験せずにきました。また、同年代の子どもからいつも大きく遅れ、追いつけなくなっていました。ですから、子どもたちから愚か者扱いされ、すぐにからかいの対象になっても、そう驚くべきことではありませんでした。こうした状況のせいで、友人を作ることもなかなかできませんでした。

もともと強かった彼の劣等感は、極限のところまで高まりました。彼の教育は、善良ながら怒りっぽい軍人の父親と、頭が弱くて回らないながらも支配欲の強い母親によって行われました。両親はよかれと思ってしているとよく主張していましたが、その教育はかなり厳しかったと言うしかないものです。とくに重要視されたのが、おとなしく従うことでした。幼いころの記憶として残っていて特徴的な出来事は、まだ3歳のときに、母親から30分ほど豆粒の上に座らされたことでした。理由は彼が言うことを聞かなかったからですが、その原因は(息子になにがわるかったか言わせるので、原因は明確です)、騎兵を怖がって母親に頼まれた手伝いをしなかったことです。体罰を受けることは実際のところそうありませんでした。けれど、ひとたび体罰となれば、先が房になった犬用のむちで打たれ、最後には必ず許しを求めて、自分が体罰を受ける理由を言わされるのでした。父親はいつも「自分がなにをしたか、子どもは知らなければならない」と言っていました。一度、わるいことをしていないのに体罰を受けたことがありました。理由を言えないたびに打たれ、なにかしらの悪事を認めるまで体罰が続きました。

こうして、親子のあいだには早くから闘争的な雰囲気が生じました。息子の劣等感は、上位に立つ感覚がまったくわからないところまで高まっていました。家庭でも学校でも、彼の人生には、大小の恥がほとんど途切れることなく連なっていました。どんな小さな勝利（彼が思うところの）すら、手に入ることはありませんでした。18歳になったころでも、学校では、ただ笑われる存在でした。教師にまでそんな扱いを受けたこともあります。出来のよくない課題をみんなの前で読まれ、ひどいことを言われてばかにされたのでした。

こうした出来事で彼はどんどん孤立状態に追い込まれ、自分でも他者から後ずさっていくようになりました。両親との闘いでは、効果的だけれどわるい影響ももたらす手段を考えだしました。口を利かなくなっていたのです。これは、周囲とつながるもっとも重要な手段を放棄したということでした。彼はたちまちだれとも話せなくなりました。完全に孤独でした。だれからも理解されず、だれとも話さず、とくに両親とは口を利かず、だれからも話しかけられませんでした。彼と他者をつなげようとする試みはすべて失敗しました。のちには、恋愛関係への試み（彼にはひどく難しいことでした）も失敗しました。

彼の人生はそのまま28歳まで続きました。彼の心を貫いていた深い劣等感からは、無類の野心、そして評価と優越に対する猛追が生まれて彼をあおり、共同体感覚はこれ以上ないほど弱まりました。口を利かなくなればなるほど、内面は激しく動き、昼も夜も夢や勝利にとらわれていました。

そしてある晩、先ほどの夢を見たのです。そこには、彼の精神生活がたどる動きのラインがはっきりと反映されています。

未来を予知する夢

終わりに近づいたところでキケロが語った夢をとりあげましょう。とても有名な予言的な夢です。

詩人のシモニデスは、知らない人の遺体が道の端にあるのを見て、手厚く埋葬してあげたことがありました。その後、船旅に出ようとしたところ、彼に感謝する死人が夢に現れ、「旅に出たら、船が難破して死ぬことになる」と警告しました。シモニデスは船に乗らず、乗った人たちはみんな亡くなりました。夢にまつわるこの出来事は、何百年にもわたって注目を集め、多くの人に深い印象を残しているとキケロは記しています。

この話を解釈するときには、昔は船の難破が多かったことを頭に入れておく必要があります。ということは、旅に出ることを止めるような夢を見る人もきっと多かったでしょう。多くの夢のなかで、これは現実と一致した夢であり、その特異性のために後世に残っているのです。神秘的な関連を見つけたがる人がこうした話をもてはやすのは理解できることですが、わたしたちは冷静に解釈します。つまり、シモニデスは自分の無事を心配して、旅に出ることにあまり乗り気ではなく、決断しなければならなくなったときに、**加勢**を求め、自分に恩のある死者を、いわば呼びよせたのです。彼が船に乗らなかったのは当然です。もし船が沈没しなければ、この話が知られることはなかったでしょう。わたしたちは、不安になるような話や、天と地のあいだには思い描く以上の知恵があると思わせてくれる話ばかりを見たり聞いたりします。夢の予言性は、現実と夢の両方に、人の同じ態度が含まれているときに認められます。

さらに考えなければならないのは、すべての夢がそう簡単に理解できるわけではないということです。実際、理解できる夢はごくわずかです。わたしたちはすぐに夢を忘れてしまうか、なんらかの印象が残っているときでも、たまたま夢解釈を習得しているのでないかぎりは、そこになにが隠されているか理解できません。すでに述べたとおり、こうした夢も、比喩やシンボルを使って動きのラインを示しています。比喩のおもな意義は、人が強く共振する状況へわたしたちを引き込むことです。問題の解決にとりくむ人に、一定の方向へ進む傾向があれば、たいていその人は自分を後押しする勢いを求めています。夢は、特定の意味で問題を解決するために必要な情動や情熱を強めるのにとても適しているのです。夢を見る人がこの関連を理解しているかどうかは関係ありません。夢には材料と勢いがあればいいのです。

夢はなんらかの形で、夢を見る人の思考の痕跡を示します。要するに、動きのラインを暗示するのです。これは、どこかが燃えていることを示す煙のようなものです。経験を積んだ人であれば、煙からどの木が燃えているかを推測することもできるでしょう。

以上をまとめると、こう言えるでしょう。夢には、人が人生の問題にとりくんでいること、そして、問題に対してとる態度が示されています。ここでもやはり、2つの要素が明らかに働いていることがわかります。あるいは少なくとも痕跡のなかにうかがえます。この2つの要素、共同体感覚と力の追求は、現実における周囲への態度にも影響を与えます。

才能とは何か

人間の本質を推論して判断できるような精神の現象はいくつかあります。しかし、思考の領域のなかでも認識力に関係する現象は扱ってきませんでした。わたしたちは、人が自らのことをどう考えたり語ったりするかはあまり重視していません。だれでも間違うことはあるし、身勝手、道徳的などの性質へのさまざまな関心や思案から、自分の精神像を他者に対して修正することがあると考えているからです。それでも、ある種の思考のプロセスと言語による表現から、たとえ制限された範囲であっても推論することはできます。人を判断しようとするときに、思考と言語の領域を観察から外すことはできません。

人間の判断力（ふつう**「才能・能力」**と呼ばれます）については、多数の観察、議論、検査があります。なかでも知られているのが、子どもや大人の知能を確かめる調査です。ここでは、**能力検査**のことを言っています。能力検査はこれまで成果を出してきていません。多くの生徒が検査を受けても、得られる結果は、教師がすでに確認していたことと変わらなかったからです。能力検査は実験心理学者によって意気揚々と始められたのですが、結局のところ、かなり不要であることが判明しました。能力検査に反対するもう1つの理由は、子どもの思考力や判断力は同じように発達するわけではないということです。検査の結果がわるくても、数年後に能力が著しく発達する子どもはたくさんいます。

また、大都市で暮らす子どもや、生活の範囲が広い子どもは、多少の訓練ができていて反応が速いので、実際より能力があるように見えます。そのため、こうした準備の下地がない子どもがかすんで見えるのです。基本的に8歳から10歳までは、低所得者層の子どもよりも中産階級の子どものほうが頭の回転が速いことが知られています。けれどこれは、中産階級の子どものほうが能力があるということではなく、どう暮らしてきたかが関係しているだけなのです。

結果として、能力検査が成果を出すことはありませんでした。とくに、ベルリンとハンブルクで示された悲惨な結果を見るとよくわかります。そこでは、検査で優秀だった子どもたちのうち、驚くほど多くの者が期待された成果をのちにあげられなかったのです。これは、能力検査では、子どもの良好な成長が保証されないことを示しています。

対して、個人心理学の調査はもっとずっと信頼できるものです。なぜなら、個人心理学は成長を見るだけではなく、成長の理由や原因を把握し、必要であれば対策の手段を提供することを目指しているからです。そして、子どもの思考力や判断力を精神生活から切り離さずに、関連づけて観察するからです。

第七章　どうして男と女は関係するのか

人間の基本をつくる六つの要素

ここまででわかったのは、次のようなことです。精神生活には2つの要素があって、あらゆる精神の現象に影響し、作用しています。人生の諸条件をつくって維持するとき、そして、3つの主要な課題（愛、仕事、社会）を果たすとき、人は共同体感覚を体現し、評価や力や優越を求めて努力することがあるのです。わたしたちは、どんな性質の現象であっても、2つの要素がどのような質と量の関係になっているかによって判断していかなければなりません。そして、少しでも精神を理解したいのであれば、この2つの要素を調べなければいけません。なぜなら、2つの要素の程度によって、人間の共生という当然の論理をどのくらい理解できるか、共生が求める分業にどのくらい適応できるかが決まってくるからです。

分業は、社会の維持に絶対に欠かせない要素です。分業するには、だれもがなにかしらの立場で自分の責務を果たす必要があります。もしこの要求にくみしなければ、共生の維持、ひいては人類の存続を否定することになります。仲間としての役割から抜け落ち、共生を乱す存在になってしまうでしょう。そうひどくなければ、悪癖、迷惑行為、孤立、ひどい場合には、奇行、非行、のちには犯罪となって現れます。こうした現象が非難されるのは、共生から離れていて、その要求と相いれないからです。ですから、分業という面で割りふられた立場をどのように果たすかによって、人の価値は決まるのです。

共生に同意することで、人は他者にとって意義のある存在になり、綿々と続く鎖の一環になります。これは人間が生きていく基本で、多くの人が無視すれば社会生活は崩れてしまいます。個人の能力によって、人は社会の生産プロセスでの立場を割りあてられます。ただし、ここには多くの混乱が生じています。力の追求や支配欲などの誤りが、分業の成功を邪魔したり妨げたりしています。人間の価値を判断するおかしな基準が確立されてもいます。あるいは、なんらかの理由で自分の立場とつりあっていないこともあります。また、力の追求や誤った野心からは、いくつもの困難が生まれています。個人の利益だけを求めて、共生や協働が妨げられるのです。ほかにも、混乱が生じる原因には社会階層があります。個人の権力や経済的な利害関係が、職業領域の割りあてに影響を与え、喜びも権力も多く与えられる職が社会の特定の層に向かい、それ以外の層が締めだされます。こうした現象のなかで、力の追求がどれほど大きな役割を演じているかに気づけば、なぜ分業のプロセスが滞りなく進んでこなかったのかが理解できます。権力が絶え間なく介入して、一方には特権になるような仕事、もう一方には抑圧になるような仕事が作られてきたのです。

この種の分業は、人間に**2つの性がある**ということからも行われています。一方の性である女性は、身体的な特徴を理由に、最初から特定の仕事から締めだされています。対して、男性には、もっとほかにできることがあるのだからしなくてよいとされている仕事がありまず。こうした分業は、本来、偏見のない基準に従って行われなければならないでしょう。女性解放運動ですら、興奮してやりすぎないかぎり、こうした分業の論理を受け入れています。女性解放運動というのは、女性から女性性をとり除いたり、それぞれの性に合った就労機会を得るために男女の自然な関係を壊したりするようなものではありません。人類が発展する過程で、それまでは男性がしていた仕事の一部を、女性が引き受けるようになってきました。おかげで、男性の力をさらに活用することができるようになっています。これによって労働力が活用されなかったり、精神的・身体的な力が悪用されたりしないかぎり、こうした分業を不合理と言うことはできません。

「男尊女卑」はつくられたもの？

文化が力の追求に向かって発展してきたこと、とくに、特権を確保したい個人や社会階層が奮闘してきたことで、分業はおかしな方向へ進みました。この支配と影響はいまも続き、男性がひどく重視される文化ができあがっています。

分業の形は、優遇された側である男性に特権が確保されるものになっています。優位な立場にある男性は、生産プロセスにおける分業で、自分に有利なように女性の立場に影響を与えます。女性の人生の枠をあらかじめ指示し、男性に都合のよい人生の形を押しとおし、女性にはこの男性的見解に従う人生の形を指定するのです。

現在までの状況を見れば、男性側は女性に対する優越を求めつづけ、女性側は男性の特権に不満をいだきつづけています。両性は密接な関係にあるので、このように緊張して精神の調和が揺さぶられていれば、さまざまな障害につながるのは当然です。そこから生まれる心理は、男女どちらともが非常に苦痛と感じるものになります。

わたしたちの制度、伝統的な決まり、法律、風俗習慣はすべて、男性の特権的な立場を証明しています。すべてはその立場に従って整えられ、固持されているのです。こうした決まりは子どものもとにまで伝わって、子どもの精神に多大な影響を与えています。この関連について子どもがよく理解しているとは言えないでしょうが、子どもの感情を深いところから支えていると感じざるを得ません。たとえば、少年がむりやり少女の服を着せられそうになって激しく怒りだすといった現象が見られれば、関連を追求する理由は十分にあります。別の面から力の追求を検討することができるのです。

少年の認められたい欲求がかなり強い場合、少年はいたるところで感じられる男性の特権によって保証されていそうな道を選びます。すでに述べたとおり、現代のような家庭の教育をしていけば、力の追求をうながすことになり、ひいては男性の特権を高く評価して追求する傾向を育てることになります。なぜなら、権力のシンボルとして子どもの前に立つのは、男性、父親だからです。家から出かけたり帰ってきたりする父親は、母親よりずっと子どもの関心を引きます。やがて子どもは、先頭に立ち、指示を出し、すべてを管理する父親がもつ優越した役割に気づきます。みんなが父親の命令に従い、母親がいつも頼っている様子を見るのです。子どもからは、どう見ても、父親が強くて力のある存在に思えます。あまりにも偉大に見えるので、父親の言うことはすべて神聖だと思い込む子どもや、自分の主張を強めるために「お父さんが言ってた」としょっちゅう口にする子どももいます。父親の影響がたいして見えないところでも、子どもは父親が優越しているという印象をもちます。家族の負担がすべて父親にかかっているように見えるからなのですが、実際は分業しているからこそ、父親は自分の力を有利に使えているのです。

男性優位の歴史的な起源については、自然に始まったわけではないことを指摘しなければなりません。これは、男性の支配を確保するために、まず多くの法律を作る必要があったことを考えればわかります。このことは同時に、男性の優位を法的に定める前には、その特権がたしかでなかった時代があったことを示しています。

実際、この時代は歴史で証明されています。**母権**の時代です。当時、生活のなかで、とくに子どもに対してより重要な役割を果たしていたのは、母親、女性でした。子どもを養うことは一族の男性すべてで行っていました。いまでもドイツ語で、子どもに対しては血縁関係のない男性のことも Onkel《おじさん》や Vetter《いとこ》と呼ぶ慣習などから、このことがうかがえます。母権から父権へ移行する前には、大変な闘いがありました。このことからは、男性が現在、当然の権利のように言っている優越権は、最初から所有していたものではなく、闘って得なければならなかったものだということがよくわかります。男性の勝利は、すなわち女性の屈服を意味しました。法律制定の記録を見ると、この屈服がどう行われたのかがはっきり示されています。

ですから、男性の優位は当然のことではなかったのです。はじめは近隣の部族との闘いが続くなかで必要になって、男性に重要な役割が与えられました。それを使って男性は、支配権を完全に奪いとったのでした。この動きとともに、**私有財産**と相続権も作られていきました。これらの権利が強化されたのは、取得し所有するのは基本的に男性だという点で、男性の優位の基盤を作るためです。

思春期の子どもはこうしたことを本で学ぶ必要はありません。なにも知らなくても、所有し、優先権をもつのは男性だということの影響力を感じます。たとえ、賢明な父母が対等になるために古い時代からの特権を捨てようとしていても、子どもは感じるのです。家事をする母親が男性と対等なパートナーであることを子どもに説明してわからせるのは、非常に難しいことです。男児が、生まれたときからいたるところで男性の優位を目にするとき、それがどんな意味をもつのか想像してみてください。男児は誕生の瞬間から女児よりもずっと喜んで迎えられ、王子として祝われます。親が息子をほしがるのは、よく知られ、よく見られる現象です。男児は自分が男の子孫としてひいきされ、高く評価されるのをいたるところで感じていきます。向けられるさまざまな言葉や、ふと耳にした言葉によって、男性の役割のほうが重要だとくりかえし教えられます。

男性優位の原則は、ほかにも、女性があまり尊重されない家事を担うという形で、また、周囲の女性も必ずしも男性との対等を確信できないまま暮らしているという形で、男児の目に入ってきます。女性はたいてい、従属的で下におかれた役割を演じています。本当なら結婚前に男性に聞くべき重要な問い、「家庭や文化における男性優位の原則をどう思うか?」という問いが明らかにされることは、ふつうは一生ないでしょう。その結果、女性は男性と対等の立場を強く求めることもあれば、一種のあきらめが人によってさまざまな程度で示されることもあります。反対に男性は、男として重要な役割を果たさなければならないと確信して育ち、一種の義務を感じています。そのため、直面する人生や社会の問いに対して、いつも男性の特権のことを考えて答えを返すのです。

「男らしさ」というプレッシャー

子どもはこうした関係から生じる状況をすべて体験します。そして、女性の存在に対して、よくないイメージや見解を多数もちます。男児の精神はこうして男性的に成長していきます。男児が力を追求するときに、努力する価値がある目標だと感じることができるのは、ほぼ例外なく男性的な特徴や態度です。先ほど述べた力関係からは、一種の男性的美徳が生まれます。そしてこの長所自体が、男性が優位であることを示しています。

特定の性格が「男らしい」とされ、別の性格が「女らしい」とされますが、なにかしらの基本事実があってそう評価されているわけではありません。なぜなら、男児と女児の精神状態を比べ、こうした分類が確認できたように見えたとしても、当然の事実だと言うことはできないからです。確認できたように見えるのは、その人がすでに特定の枠にはまり、力について偏った判断をして人生のラインを狭めているからです。力関係を信じる人たちは、その認識を育てていくしかなくなります。要するに、男らしい性格と女らしい性格の区別には、正当な理由はないのです。男女の性格がどのように力の追求という要求を満たすかを見ていきましょう。

従順や服従などの「女らしい」手段でも、力を行使することはできます。子どもは従順であることのメリットによって、ときには、反抗的な子どもよりもずっと有利な立場に立つことができます。けれど、どちらの場合にも力の追求は働いているのです。人間の内面の洞察が難しいことが多いのは、力の追求が要求の達成のためにさまざまな性格に入り込んでいるためです。

男児が大きくなると、男らしくあることとの重要性はほとんど義務になります。野心と、力や優越の追求が完全に結びつき、男らしくあることとの義務と同じになります。力を追求する子どもの多くは、男らしいと意識するだけでは満足せず、自分が男であり、特権があるということをつねに示して証明しようとします。自分を目立たせて男性的な性格を強調しながら、周囲の女性に対しては暴君のようになり、相手の抵抗に応じて攻撃するのです。強情や激しい怒り、あるいは狡猾な手段を使って、自分の優越を示そうとします。

だれもが特権のある男性性という理想の基準によって比べられるため、男児もつねにこの基準で見られます。しまいには自分をこの基準で測り、自分の人生も男らしく進んでいるか、自分は十分に男らしいかなどと自問し、観察します。

現在、なにが「男らしい」とされるかは、だれにでもわかります。ごく利己的なもの、自己愛を満たすもの、つまり他者よりも優越することです。これらはすべて、一見前向きな性格を利用します。たとえば、勇気、強さ、自尊心、あらゆる種類の勝利、なかでも女性に対する勝利、役職や学位や称号の獲得、女性的な感情をはねのける傾向などを利用します。これは個人の優越を求める絶え間のない闘いです。優れていることが男らしいとされているからです。

こうして男児は、当然のように、男性（とくに父親）だけを手本にした性格を身につけていきます。人為的に育てられたこの誇大妄想の痕跡は、いたるところで見られます。男児は幼いころから、権力と特権の過剰な確保を目指すように導かれます。権力と特権は男児にとって「男らしさ」とほぼ同じ意味です。ひどい場合には、粗暴や残虐といったよく知られる現象になります。

男らしくあることで何重にも得られるメリットは、人を強く引きつけます。女児でも、男性的な理想を人生のラインとしてもっている例はよく見られるのです。それは、かなわない憧れだったり、自分の行動を判断する尺度だったり、身のこなしや動き方だったりします（「現在の文化のなかでは、女はだれでも男になりたいだろう」）。一部の女児は、抑えがたい衝動にかられて、身体的にはむしろ男児に向いているような遊びや活動をしたがります。木に登ってまわったり、男児に交じって遊んだり、女性的な仕事をまるで屈辱であるかのように拒否したりするのです。だいたいにおいて、男性的な活動でしか満足を得られません。こうした現象はすべて、男性性の優位から生じていると理解できます。優位を求めて闘い、優越を追求するときに、現実や実際の立場よりも、見せかけの姿に目が向けられている様子がはっきりと見てとれます。

男は女に不安を抱いている

優位を正当化するため、男性は、この立場は自然に与えられたと言うだけでなく、女性は劣った存在だとも述べます。女性が劣っているという見解は、まるで全人類の共有財産かと思えるほど広く行きわたっています。

ここにあるのは、男性のある種の不安です。きっとこの不安は、母権と闘った時代から来ているのでしょう。実際、当時の女性は男性を不安にさせる原因でした。歴史や文学では、こうした様子がよく見られます。あるローマの作家は「女は人間の破滅のもとである」と言っています。カトリック教会の公会議では、女性に魂はあるかという論題が活発に話しあわれ、そもそも女性は人間かという問題について論文が書かれました。魔女妄想が火あぶりをともなって何百年も続いたことは、この問題における当時の誤った認識、強い不安や混乱を悲劇的に証明しています。女性が世界のあらゆる災いの原因とされることは多く、聖書では原罪として書かれ、ホメロスの『イリアス』では、たった1人の女性の存在が民族全体を不幸にした様子が語られています。

あらゆる時代の伝説や童話が、女性が道徳的に劣っていること、女性が忌まわしく、邪悪で、不実で、気まぐれで、信用できないことを伝えています。法律制定の論拠として「女性的無思慮」という言葉が使われることまであります。同じように、女性は能力についても過小評価されています。あらゆる民族の慣用句、小話、ことわざ、冗談は、女性を過小評価する批判でいっぱいで、争いを好む、時間を守らない、了見が狭い、愚かである（スカートは長いのに、短慮で考えが足りない）と非難しています。女性の劣等を証明しようと、頭の切れる人が数多く集まっています。一連のメンバー（作家のストリンドベリ、神経学者のメビウス、哲学者のショーペンハウアー、哲学者のヴァイニンガーなど）のなかには、少なくない数の女性もいます。彼女たちはあきらめのなかで、自らも女性は劣っていると考えるようになり、与えられる従属的な役割を果たすようになったのです。女性の仕事の報酬も、男性の仕事と対等かどうかを考えもせずに、ずっと低く設定されています。ここにも、女性の評価の低さが現れています。

能力検査の結果を比べると、実際、数学など特定の教科では男児が、語学などでは女児が能力を示していました。男性の仕事の予習となるような教科では、男児のほうが能力が高かったのです。けれど、これはただそう見えるだけです。女児の状況をよく観察すれば、女性のほうが能力が低いという話は作り話であり、真実のように見えるうそだとわかります。

「女であること」に対する社会のおしつけ

女児はいたるところで、毎日のように、さまざまな形で、女性は無能であり、簡単で従属的な仕事にしか向いていないと聞かされます。そうなれば当然、言われたことが正しいかどうか、幼くて判断できない女児は、女性の能力のなさを変えられない運命だと思い、自分は無能だと信じるようになります。勇気をなくした女児は、数学のような教科に対して（そもそも学ぶことができればですが）、必要な関心を最初から示さなくなったり、まったく関心を失ったりします。外からも内からも準備がなされていないのです。

こうした状況では、女性に能力がないことが証明されているように見えてしまいます。この誤った認識には、2つの原因があります。誤りを育てている1つの原因は、(何重ものごく利己的で偏った動機をよりどころにして)人間の価値を、仕事という観点から成果を測って判断していることです。この観点からは、成果と能力がどのくらい精神の成長と関係しているかという問いの答えを追求しないですみます。もし精神の成長にもっと注目すれば、もう1つの原因も見えてくるでしょう。女性のほうが能力が低いという誤った認識は、おもにこの原因のせいです。見落とされていることが多いもう1つの原因とは、女児は幼いころから世界中から偏見を吹き込まれているということです。この偏見はまさに、女児が自分の価値を信じる思い、女児の自信を揺るがし、なにか立派なことができるという希望をむしばみます。偏見が女児のなかでただただ強まり、女性には従属的な役割しか割りあてられないと思うようになれば、勇気を失い、仕事に協力しなくなり、人生の課題から後ずさるようになります。こうなってしまえば、たしかに能力がなく役に立たない存在です。けれど、もしもわたしたちがだれかと対立し、全体のルールとなっている尊敬を相手に強要し、なにかできるという相手の将来性を否定して勇気を削った上で、相手がなんの成果も出せないと思うのならば、その状態で自分が正しかったと言ってはいけません。反対に、すべての不幸は自分が招いたことを認めなければならないのです。

現在の文化で、女児が自信や勇気をもちつづけることは簡単ではありません。一方、能力検査では、おもしろい事実が判明しています。14～18歳の女児の一部が、男児を含めたどのグループよりも優れた能力を示したのです。調べてみると、こうした女児の家庭では、母親も、あるいは母親だけが自立した職業に就いていました。つまり、女児たちは家庭で、女性のほうが能力が低いという偏見がない状況、または偏見をほぼ感じない状況にあったのです。これは、母親が才腕で生計を立てている様子をじかに目にしたことが理由です。そのため、女児たちはずっと自由に自立して育つことができ、女性への偏見につきまとう妨害からほぼ影響を受けずにすんだのです。

女性への偏見に対する反論には、他にも、かなりの数の女性が、文学、芸術、技術、医学などのさまざまな領域で、優れた成果を残しているということがあります。その業績は、男性のものとまったく同等です。余談ですが、成果を示さない男性、とても能力の低い男性も大変に多いので、同じくらいの数の証拠をあげて、男性は劣っているという偏見も主張できるでしょう（もちろんこれも不当な主張です）。

すでにふれたとおり、女性は劣っているという偏見が、概念の奇妙な二分化を生んでいる状態は、重大な結果をともないます。この状態は慣習のなかに現れていて、男らしいという概念は、価値が高い、力強い、無敵であると同じとされ、女らしいという概念は、従順である、尽くす、従属的であると同じだとされています。この考え方は人間の思考に深く入り込んでいるため、現在の文化では優れたものはすべて男性的と見られ、あまり価値がなくて受け入れられないものは女性的と見なされます。

よく知られているところでは、男性にとって女のようだと言われるほど許しがたいことはありませんが、女性にとって男らしいということは、まったく不利なことではありません。女性を思わせるものは、決まって、劣っていると見なされます。

つまり、女性への偏見の証拠となる数々の現象は、よく観察すると、精神の成長が妨げられたからこそ生まれたものなのです。わたしたちは、どんな子どもも、通常言われる意味で「才能がある」、能力が高い人間に育てることができると主張するつもりはありません。けれど、子どもを才能がない人間に見えるようにすることはできると思います。もちろん、そんなことをしたことはありませんが、それに成功した人たちがいることは知っています。このような運命に見舞われるのが男児よりも女児に多いことはすぐにわかります。わたしたちは、こうした「才能のない」子どもが、ある日、別人になったように、才能のある子どもとして現れるのを見てきました。

「女性の役割」から逃げだす少女たち

男性の優位は、女性の精神の成長に重大な障害をもたらし、その結果、女性は自分の役割に不満をもつようになりました。女性の精神生活は、自分の立場のせいで強い劣等感をもつ人と同じ道を進み、同じ条件をかかえています。さらに、女性の精神の成長には、困難になる要因として、女性は生まれつき劣っているという誤った偏見も加わります。それでも、多くの少女がある程度の埋め合わせができているとすれば、それは人格形成がうまくいっていたり、知性があったり、場合によってはなんらかの特権があったからです。ただし、特権の場合は、誤りが誤りを呼ぶことになります。この特権というのは、女性の役割からの解放、贅沢な暮らし、もてはやされる扱いなどで、女性が尊重されているように見えるので、少なくとも表面的には優位にあるように見えます。そして、なんらかの理想化がなされるのですが、結局は男性の利益になるような女性の理想が作られるのです。ある女性はかつて「女性の美徳は、男性の見事な発明である」と的確に言い表しています（訳注：ジョルジュ・サンドの言葉)。

女性の役割に対する闘いでは、おおむね女性を2つのタイプにわけることができます。1つのタイプについては、すでにふれました。能動的で「男らしい」方向へと育つ少女です。このタイプは非常にエネルギッシュで、野心が強く、勝利を求めて闘います。兄弟や男友達を超えようとし、男性がする仕事に就きたがり、さまざまなスポーツをしたりします。恋愛や結婚といった関係に抵抗することもよくあります。もし恋愛などの関係にいたっても、相手より優れた存在、支配する側になろうとして関係を壊します。家事はとにかく嫌がり、直接的にやりたくないと公言するか、間接的に家事の素質がないと言ったり、ときには家事ができないことを証明しようとしたりもします。

これは、一種の男性性を用いて災難を埋め合わせようとするタイプです。女性の役割に対する抵抗の態度が、彼女たちの根本的な特徴です。ときには「男女」と呼ばれることがあります。けれど、この表現の根底には誤った考えがあります。その結果、多くの人が、こうした少女には生まれつきの要素がある、抵抗の態度を強いるような男性的な体内物質があるなどと考えるのです。ですが、文化史全体を見れば、女性が現在も受けている抑圧や制限は人間にとって我慢できないもので、人を反乱に追い立てるものだとわかります。

この反乱が「男性的」と感じられる方向をとる場合、その理由は、この世界をうまく渡っていく方法が2つしかないことにあります。つまり、理想とされる女性の形に従うか、男性の形に従うかしかありません。そのため、女性の役割から外れることはすべて男性的に見え、その反対も同じように見えるのです。とはいえこれは、謎めいた物質が働いているからなどではなく、空間的にも精神的にもそうするしかないからです。ですから、どんな困難のもとで少女の精神が育つのか、わたしたちは頭に入れておかなければなりません。男女が同権にならないかぎり、現在の文化における人生、状況、共生の形に女性が抵抗をやわらげることは期待できません。

あきらめて順応した女性たちの反乱

もう1つのタイプは、一種のあきらめをもって生きながら、信じられないほどの適応、従順、謙虚さを見せる女性です。このタイプは、一見したところどこにでも順応してふるまいますが、あまりにも不器用で視野が狭いので、自分からはなにも進められず、周囲からもそう思われます。あるいは、神経症的な症状を作りだして、弱くて配慮されるべき存在だと示します。

そして同時に、他者に配慮を求めることで神経症に苦しみ、社会で生きていけなくなってもいます。彼女たちは世界でもっとも善良な人たちではありますが、残念ながら病んでいて、与えられる要求を果たすことができません。やがては、周囲の満足も得られなくなります。彼女たちの服従、謙虚さ、自己抑制の根底には、1つ目のタイプと同じ反乱があります。この反乱は、「これは喜びに満ちた人生ではない」とはっきり伝えているようです。

また、女性の役割を拒否してはいないものの、劣った存在として従属的な役割を演じるしかないという意識に苦しむタイプの人もいます。こうした人は、女性は劣っていて、能力の要る仕事には男性だけが就けると確信しています。ですから、男性の特権的な立場も肯定しています。こうして、いっそう、仕事の能力は男性だけに与えられていると考えるようになり、男性が特別な地位に就くべきだと求めるのです。まるで承認とよりどころを求めているかのように、自分を弱いと思う感覚をはっきりと示します。けれど、この態度もまた、ずっと用意されていた反乱の現れです。結婚している女性がよく、自分がすべき仕事を夫にすぐに押しつけ、これができるのは男だけだと言い放つのは、この反乱から来ています。

人生の課題でとても重要で難しいものである教育は、女性は劣っているという偏見が広まっているにもかかわらず、ほとんどが女性に任されています。そこで、各タイプがどのような教育者なのかを考えてみましょう。各タイプの違いがさらにわかってくるはずです。人生に対して男性的な態度で向かう最初のタイプは、暴君のようにふるまい、大きな声を出してはくりかえしおしおきを与え、子どもたちに強い圧力を加えます。

子どもたちはもちろん逃げようとします。この方法でできるのは、よく見ても調教で、そこにはなんの価値もありません。子どもが受ける印象としてみれば、こうした母親は能力のない教育者です。わめいたり、口やかましく言ったり、仰々しく騒いだりすることは、ひどくマイナスに働きます。娘は母親を模倣し、息子はずっとおびえて生きる危険があります。こうした母親の支配を受けてきた男性のなかには、苦い思いをして、まるでもう女性を信頼できなくなったかのように、強く女性を避ける人がたくさんいます。こうして男女の不和が続くことになるのです。わたしたちはこれを明らかに病的ととらえていますが、「男性的物質と女性的物質の配分がわるい」などとまだ言っている人もいます。

ほかのタイプの女性も、教育者として成果を出せません。用心深く接するので、自信のなさをすぐに子どもに気づかれ、もてあますようになります。母親は新たな挑戦をくりかえして、延々と言い聞かせたり、ときには父親に言いつけると脅したりもします。けれども、いつも男の教育者を求めることで、自分の教育がよい成果を出すと信じていないことがわかってしまうのです。まるで男性だけが有能なのだから、教育にも欠かせないという考えを正当化することが自分の課題であるかのように、教育でも後ずさる方向に目を向けます。

あるいは、できないという感覚をかかえて、教育そのものを拒絶し、責任を夫や家庭教師に押しつけます。

女性の役割に対する不満がもっと極端に現れる少女がいます。それは、特別な「もっと高い」理由のために、人生から後退する少女で、たとえば、修道院に入ったり、独身主義に結びつく職業に就いたりします。こうした少女も、女性の役割と折り合えないまま、本来の仕事への準備をやめています。早くから働こうとする少女もたくさんいます。

働いて自立すれば、簡単に結婚させられないための防御になると思っているのです。こうした態度にも、伝統的な形の女性の役割に対する反感が、推進要因として現れています。たとえ結婚して、女性の役割を受け入れたように見えても、結婚が役割との折り合いをつけた証明になるわけではないことはよくあります。典型的な例が、いまたしか36歳の女性のケースです。女性は神経症的な症状をいくつも訴えました。

女性は第一子で、高齢の父親と支配欲の強い母親から生まれていました。とても美しい女性だった母親が年配の男性を夫とした状況からすでに、この結婚には女性の役割に対する異議が関係し、配偶者の選択に影響を与えたことがうかがえます。両親の結婚生活はうまくいきませんでした。母親はわめいて主導権をとり、はばかることなく自分の意志を貫きました。高齢の父親はなにかにつけて隅に追いやられました。父親はソファに身体を伸ばして休むこともろくに許されなかったと、患者は語っています。母親は、自分が決めた、だれもが守るべき原則に従って、つねに家庭をとりしきろうとしていました。

勝ち気な美少女の女王願望

患者はとても出来のよい子として育ち、父親に甘やかされました。対して、母親は彼女を評価することはなく、つねに敵対していました。その後、弟が生まれると、母親は弟を非常にかわいがり、家族関係はひどく耐えがたいものになりました。父親はふだんは横着で弱腰なものの、娘のことになると激しく抵抗を示せたので、父親をよりどころにできるとわかっていた患者は、母親と執拗に争い、憎しみをもつようになりました。

とくに攻撃の対象にしたのは、母親の潔癖なところです。母親のこだわりは極端に向かい、たとえば、家政婦がドアノブにふれると、あとで拭かずにはいられませんでした。患者はおもしろがって、身汚い格好で歩きまわっては、あらゆるところを汚しました。母親が期待するものとは反対の性質ばかりを育てたのです。この状況は、性質は生まれつきのものだという考えを明らかに否定しています。もし子どもが母親を死ぬほど怒らせるような性質ばかりを育てているなら、そこには、意識的にしろ無意識にしろ、なにか計画があるはずです。2人の争いは続き、これ以上ないほど激化します。

患者が8歳のころには、およそ次のような状況になっていました。父親はいつも娘の味方をし、母親は険しく怒った顔をして、皮肉や非難を言います。娘である患者は生意気で、頭の回転が速く、あきれるほどの機転で母親のどんな努力もふいにします。しかもさらに、母親のお気に入りで甘やかしている弟が心臓弁膜症になり、母親の注意はいっそう弟に集中しました。子どもたちに対する両親の努力は食い違いつづけます。患者はこうした環境で育ったのです。

そして、患者は神経症になりました。なにをどう病んでいるか、だれにも説明できませんでしたが、本当に苦しんでいるようでした。彼女はいつも恐ろしい考えに苦しめられていました。その考えは母親に向けられたものでしたが、しまいにはすべてを母親に邪魔されていると信じ込むようになります。そして突然、宗教に没頭しました。しかし、成果はありませんでした。しばらくすると、恐ろしい考えは消えました。どれかの薬が効いたのだろうとの話でしたが、たぶん母親がやや守勢に回ったことが関係していたのでしょう。ただし、妙に雷を怖がる症状だけが残りました。患者は、自分にやましいところがあるから雷が来る、こんなひどいことを考える自分には雷がいつか災厄になると信じ込んだのです。ここからは、患者が母親に対する憎しみから解放されようと自ら努力していることが見てとれます。患者はこうして成長を続け、すばらしい未来が待っているように見えました。ところが、女性教師の言葉が彼女にひときわ強い印象を与えます。

教師は「しようと思えば、あなたはなんでもできる」と言ったのでした。この言葉自体はたいしたことのないものですが、患者にとっては「**押しとおそう**と思えば、押しとおせる」という意味でした。この解釈によって、彼女は母親とさらに貪欲に争うようになりました。

思春期になると、彼女は美しい少女に成長しました。結婚できる年齢のころには、多くの男性から求婚されました。しかし、物言いが辛辣なために、いつも可能性が途中で断たれます。近くにはもう年配の男性しかおらず、彼女もその人に惹かれていたので、まさか結婚するのではないかと周囲は心配しました。けれど、しばらくするとこの男性もいなくなり、彼女は求婚されることもなく26歳まで過ごしました。

この状況は、彼女のいる環境では妙に目立ちましたが、彼女のこれまでを知らない周囲には、どういうことかよくわかりませんでした。子どものころから母親と激しく争っているうちに、彼女はけんか腰で協調性のない人になっていました。勝利を得るには闘うことが一番だったのです。母親の態度に刺激され、つねに勝利を狙うようになっていました。とげとげしい口論は、彼女がもっとも好むものでした。ここには彼女の虚栄心が現れています。「男性的」な態度も、相手を負かすことが重要な遊びばかりを好んだところに原因がうかがえます。

26歳のとき、彼女はとても立派な男性と知りあいました。男性は、すぐに争う彼女の性質にかまうことなく、真剣に結婚を申し込みました。彼はとても謙虚にふるまいました。親戚が彼と結婚するよう迫りましたが、彼女はどうしてもいい感情をいだけないし、結婚してもうまくいかないと思うとくりかえし説明しました。彼女の性格を考えれば、こうした予測も無理のないことです。2年抵抗したのち、彼女は結婚を承諾しました。そのときは、夫を奴隷にして、望んだとおりにできると確信していました。いつでもなんでも彼女に譲った父親と似たところが夫にもあるだろうと、ひそかに期待していたのです。

その考えが間違っていたことはすぐに明らかになりました。結婚して数日後には、夫はパイプを片手に腰をおろし、ゆったりと新聞を読んでいました。毎朝、仕事場に向かい、食事の時間どおりに戻り、用意ができていなければ文句を言いました。夫は彼女に、清潔で、優しく、時間を守ることを求めました。

これは彼女にとっては不当なことで、想定外のことでした。2人の関係は、父親のときのものとはかけ離れていました。彼女の夢ははかなく消えたのです。彼女が要求すればするほど、夫はその望みに従わず、夫が主婦の役割を指摘するほど、それが実行されることはなくなりました。その際、彼女は、「わたしはあなたのことなど好きではないとはっきり言っているのだから、主婦の役割を求める権利はあなたにない」と異議を唱えつづけています。けれど、夫はまったく意に介しませんでした。夫は頑として要求を続け、彼女は未来を思って暗い気持ちになりました。正直で義務感の強い夫は、夢中になった陶酔のなかで彼女に求婚しましたが、たしかに手に入れたと思うとすぐに陶酔は消え去っていたのでした。

2人のあいだの不和は、子どもができても変わりませんでした。彼女には新たな義務が増えました。母親との関係はどんどんわるくなっていました。母親が彼女の夫を積極的に味方につけていたのです。家庭内の争いは続き、そのものさしは厳格だったので、夫がわがままで不愉快なふるまいをすれば、彼女のほうが正しいと認められることもありました。このような夫の態度が生まれたのは、彼女が女性の役割を受けつけず、折り合うことができなかったからです。もともと彼女は、つねに自分が支配者となることで女性の役割を果たせると考えていました。まるで自分の望みをすべてかなえる奴隷を従えるようにして生きていけると思っていたのです。夫が望みをかなえてくれていたら、本当に可能だったかもしれません。

では、彼女はどうすればよいのでしょう？　離婚して、母親のもとに戻り、敗北したと説明すればよいのでしょうか？　いまから自立することはできません。彼女にはその準備がありませんでした。離婚をしたら、彼女のプライドや虚栄心を傷つけることになったでしょう。人生は彼女にとって苦しみでした。夫からは文句ばかり言われ、母親からは強烈に否定され、いつも清潔にきちんとするよう説かれました。

そして彼女は急に、清潔できちんとするようになったのです。一日中、洗濯や掃除をしはじめました。母親がしつこく言ってきた教えをやっと理解したように見えました。最初は、母親も好意的にほほ笑んだでしょうし、夫も、彼女が箱の中身を出したりしまったりして急に几帳面になったことを多少喜んだことでしょう。けれど、人はやりすぎることがあります。今回のケースでもそうでした。家中に糸くず1本落ちていないほど洗ったり磨いたりして、あまりの熱心さのためにだれもが彼女の片づけの邪魔になり、また彼女もだれかが片づけをすることを嫌がりました。もし彼女が洗ったものをだれかが触ったら、それはもう一度洗わなければならなかったし、洗っていいのは**彼女だけ**でした。

なぜ女は潔癖症なのか

このいわゆる洗浄強迫は、非常によく見られる現象です。こうした女性はみんな女性の役割と闘っていて、一種の完全性のなかで、あまり洗わない他者を見下そうとしています。この奮闘は無意識に家庭の崩壊に向かいます。けれど、彼女の場合はもともと、ほかにないほど不潔でした。問題だったのは潔癖ではなく、彼女による妨害でした。

女性の役割と折り合っているように見えても、実際にはうわべだけであるケースはとても多いのです。彼女には友人がなく、人と出かけもせず、思いやりがなかったと聞いても、そう意外ではありません。次の時代の文化が果たすべきことは、人生とよりよく折り合っていけるように、少女を教育することです。なぜなら、どんなに環境がよくても、今回のケースのように、人生との折り合いはつかないことがあるからです。現在の文化では事実でなく、あらゆる賢人から否定されているのに、女性の劣等が法的にも伝統的にもいまだに認められています。ですから、わたしたちはつねに目を見開き、社会が見せる誤った態度のからくりを見極めて、闘わなければなりません。これは、病的に誇張された女性崇拝などを理由にするのではなく、わたしたちの共生に害があることを理由に行われなければなりません。

この関連で、もう1つふれておかなければならない現象があります。この現象も、女性を見下す批判によく使われるからです。それは、**危険な年齢**と言われるものです。50歳あたりに見られる現象で、特定の要素が強くなります。身体の変化とともに、女性は、必死に主張してもわずかしか得られなかった評価の最後の残りが、完全に失われるときが来たと思うのです。ますます厳しくなる条件のなか、さらに努力して、自分の立場を守るために役立つことをすべて固持しようとします。現代は能力主義が支配し、高齢者にとって状況はよくありません。女性であればなおさらです。価値を削られることで高齢女性がこうむる損害は、わたしたちの人生が一日一日の積み重ねを評価されないかぎり、形を変えてどの世代にも起こります。活力に満ちた時期になしとげたことは、活力を失った時期にも財産として評価されなければならないでしょう。年をとったからといって、人を精神的財産や物質的財産から締めだしてはいけません。しかも、女性の場合は、罵倒のためにいっそうひどい手法が使われています。思春期の少女が、いつか訪れるこの時期を思ってどれだけ不安になるか、想像してみてください。女性であることも、50歳で失われたりはしません。それ以降も人間の尊厳は衰えることなく続きますし、またそう認められなければならないのです。

「男らしさ」に自信がない男たち

こうした現象すべての根底にあるのは、わたしたちの文化の誤りです。ここに偏見が入り込めば、いたるところに混入し、いたるところで見つかることになります。女性は劣っているという偏見も、それに関連した男性の横柄な言動も、男女の調和を乱しつづけます。その結果、大きな緊張が生まれ、とくに恋愛関係を侵食し、幸福の可能性をとにかくおびやかして壊すのです。この緊張によって、わたしたちの愛情生活は毒され、干からびて荒れ果てます。調和のとれた結婚生活があまり見当たらず、子どもが結婚をひどく困難で危険なものと思って育つ原因はここにあります。これまでに述べてきたような偏見や、似たような思考プロセスは、子どもが人生を正しく理解することを幾重にも妨げます。結婚を一種の緊急避難先としか見なしていない少女のことや、必要悪としか思っていない男女のことを考えてみればよいでしょう。男女間の緊張から生まれる困難は、現在、非常に大きくなっています。押しつけられた役割を拒絶する少女の傾向が、子ども時代から強ければ強いほど、また、どんな不条理が潜んでいても特権的な役割を演じたがる男性の要求が強いほど、困難は大きくなるのです。

男女がうまく折り合い、バランスがとれているときにはっきりと見られる特徴は、**仲間として生きている**状態です。民族間の関係と同じように、男女間の関係でも、従属した状態というのは耐えられないものです。従属によって男女それぞれには、ひどく大きな困難や負担が生じます。ですから、だれもがこの問題に注意を払うべきでしょう。この問題はあまりにも広く及ぶので、だれの人生にも関わります。

また、わたしたちの文化が子どもに、異性と対立するような態度を選ぶよう課していることで、問題はとても複雑になっています。落ち着いて教育にとりくめば、この困難を終わらせることもできるでしょう。けれど、わたしたちの毎日は慌ただしく、本当にたしかな教育原理もなく、さらに、競争が一生続くために、影響は子どもにまで及び、のちの人生に向けたコースが作られています。恋愛関係が成立する前に多くの人が尻込みしてしまうのは、策略や「攻略」であろうとにかく男らしさを示すことが男性の課題になっていて、それが恋愛における公正や信頼を壊すからです。ドン・ファンという人物はきっと自分の男らしさに自信がなかったのでしょう。

だから、女性を攻略して何度も自分の男らしさを証明しようとしたのです。男女のあいだによく見られる不信は、どんな信頼もむしばみ、全人類を苦しませています。誇張された男性性の理想が意味するのは、要求、ずっと続く刺激、永遠の不安です。これは必ず、虚栄心、自分の利得、特権的な立場を求めることにつながりますが、どれも人間の共生という自然の条件に反しています。わたしたちには、自由と同権を求める女性解放運動のこれまでの目標に反対する理由はありません。むしろ、積極的に支持しなければなりません。人類の幸福と生きる喜びは、女性が自らの役割と折り合えるような条件が作られるかどうか、また、男性が女性との関係という課題をどうやって解決できるかにかかっています。

「劣等感」を押しつけられる女たち

男女間の関係を改善するためにこれまでに行われたとりくみでは、もっとも重要なものとして**男女共学制**があげられるでしょう。この制度はだれもが認めているわけではなく、反対者も賛成者もいます。賛成者が共学のおもな利点としてあげているのは、男女が早いうちから知りあう機会があること、それによって、害のある結果をともなう誤った偏見の発生を防げる可能性が高いことです。反対者のおもな意見としては、入学時にすでに強く見られる男女の対立は、男児が圧迫を感じるために、共学によって強まってしまうことがあげられています。これは、幼少期に、女児のほうが精神の成長が早いことと関係しています。特権の重みを背負い、有能であることを証明するはずの男児は、自分の特権が現実の前では消えるまやかしでしかないことを突きつけられるのです。共学によって男児が女児に対して臆病になり、自信を失うことを確認したと主張する研究者もいます。

たしかに、こうした研究や議論に正しい部分はあります。とはいえ、それが適切と言えるのは、より有能であるという勝利を求めた男女の競争として共学を解釈している場合だけです。教師や生徒がそう理解しているのなら、共学はもちろん有害です。そして、共学をよりよく理解する教師がいなければ、つまり、共通の課題にとりくむ未来の協働への準備、トレーニングだと理解していなければ、また、こうした理解をもとに教師の仕事をしていなければ、共学の試みは失敗します。反対者はこの失敗を自分の見解の証明くらいにしか思いません。

この問題について詳細なイメージを描くには、詩人のような表現力が必要でしょう。ですから、要点だけを指摘しておくことにします。

前の章で書いたタイプはここでも関係しています。多くの人は、生まれつき身体器官に問題のある子どもについて見たときと同じ思考プロセスに気づくでしょう。思春期の少女もよく、自分が劣っているかのようにふるまいますし、劣等感の埋め合わせについて書いたことも思春期の少女に当てはまります。異なるのは、少女の場合、劣っているという思い込みが外部からももち込まれることです。少女の人生はあまりにもこの方向に引き込まれるので、思慮深い研究者でさえ偏見の影響を受けていることがあります。この偏見が働くと、男性も女性もしまいには威信をめぐるかけひきの渦に巻き込まれ、自分の手に負えない役割を演じることになります。すると、人生のどうということのないところが複雑になり、関係の公正さが奪われ、偏見でいっぱいになって、あらゆる幸福の見込みが消えてしまうのです。

第八章　どのようにきょうだいは影響しあうのか

きょうだいのなかのポジションで性格はつくられる

すでに何度もふれたとおり、人を判断するために重要なのは、その人が育った状況を知ることです。特別な種類の状況として、きょうだいのなかでのポジションがあります。この観点からも人を分類することができます。もし十分な経験があれば、相手が第一子か、一人っ子か、末っ子かなどを見わけることも可能です。

末っ子がたいてい特別なタイプであることを、人間は昔から知っていたようです。数多くの童話、伝説、聖書の物語には、末っ子が同じような形で登場して描かれています。実際、末っ子はほかの子とはまったく異なる状況で育ちます。両親にとって特別な子であり、一番若い者として特別な扱いを受けます。一番若いということは、一番小さいということでもあり、ほかのきょうだいが自立してすっかり成長したころに一番世話を必要とするということでもあります。そのため、末っ子はとくに温かい雰囲気のなかで育つことが多いのです。

こうした状況からは、人生に対する態度に特別な形で影響する特徴、特別な人格を作る特徴がいくつも生まれます。ここには、矛盾して見える要素もともないます。子どもにとって、いつも一番小さい存在として扱われ、信用されず、なにも任されないことは、気分のよい状況ではありません。子どもはこの状況に刺激され、自分はなんでもできると示そうと努力します。この力の追求はどんどん強まります。そして末っ子は、最良の状況でないと満足しない人間になり、他者を超える努力を自分のなかで育てるのです。

末っ子には野心家が多い

このタイプはよくいます。他者を超え、きょうだいよりもずっと多くのことをなしとげるタイプです。よくないのは、同じことを望みながらも完全に行動に移せず、自信もないタイプです。この状況も、きょうだいとの関係から生じています。きょうだいを超えられなかった場合、末っ子が自分の課題から後ずさるようになることがあります。臆病でうじうじし、課題を避けるためにいつも言い訳を探すのです。ふつうの野心はそれほど強くないのですが、逃避し、人生の課題ではないところで野心を満たし、能力を試される危険を避けるという種類の野心はあります。

多くの人はもう気づいているでしょうが、末っ子は、自分が我慢させられていて、劣等感をかかえているかのようにふるまいます。わたしたちの調査では、この末っ子の感情が決まって確かめられましたし、この苦しく不安な感情から精神の成長の大きな躍動が生まれることも確かめられています。この意味では、末っ子は、生まれつき身体器官が弱い子どもと同じです。それが事実かどうかは関係ないのです。客観的にはどうか、本当に劣っているのかどうかは問題ではなく、本人がどう感じているかが大事なのです。子どもの人生では、どれほど容易に誤った認識が作られるかもわたしたちは知っています。ここでわたしたちは多くの問い、可能性、結果に直面します。教育者はどう行動するべきなのでしょうか？　子どもの虚栄心をさらにかきたてたりして、もっと刺激を起こすべきでしょうか？　このような子どもはいつも一番になるということにばかり注目しても、人間の人生にはなんの役にも立たないでしょう。人生で大事なのは一番になることではないのは、経験からもわかります。いえ、むしろ、ここではやや強調して「一番はいらない」と言っておきましょう。一番の人たちについてはもう十分です。歴史や自分の経験を見渡せば、一番に祝福がもたらされないことに気づかざるを得ません。いつでも一番という考えは、子どもの視野を狭めます。さらに、よい共生の仲間にもならなくなります。なぜなら、次に起こるのは、子どもが自分のことばかり考え、だれかに先を行かれていないかを気にするという事態だからです。ねたみや憎しみの感情が育ち、ずっと一番でいられるかどうか不安が大きくなります。末っ子はもともとそのポジションのためにスタートダッシュが速く、他者を追い越そうとする傾向があります。こうしたランナーの性質は、態度全体に現れます。たいていはごくささいなところに見られるので、この精神生活の関連がわかっていなければ気づきません。子どもはつねにグループの先頭に立ってきたがり、自分の前に人が立つことが耐えられなかったりします。ランナーの性質は、ほとんどの末っ子に見られる特徴です。

このタイプの末っ子は、ときに異彩を放って、非常に特殊な形で現れることがあります。行動力があって、一族全体の救世主になるほどの人がいるのです。過去を振り返って、たとえば聖書のヨセフ※訳注の伝説に目を向けてみましょう。そこにはすべてがすばらしい形で、まるで書き手が、わたしたちが必死で得ている知識を完全に手にしているかのような明確さで書き表されています。何百年もの時の流れのなかで、わたしたちが見失った価値ある素材はきっと多いでしょうが、それをくりかえし新たに発見していかなければなりません。

ほかにももう1つタイプがあります。1つ目のタイプから派生してできたものです。先ほどのランナーで想像してみると、こちらは突然、障害にぶつかり、乗り越えられないと思って、回り道をします。こうした末っ子が勇気を失うと、考えられるうちでもっとも質《たち》のわるい臆病になります。つねに後ずさり、どんな仕事もてあまし、なんにでも言い訳をし、思い切って行動もできずに時間を無駄にします。たいてい失敗し、最初から競争が排除されている場所をなんとかして探しだします。失敗すればありとあらゆる言い訳を並べたて、自分は弱いとか、放っておかれたとか、甘やかされた、きょうだいのせいでうまくいかなかったなどと言うのです。本当に身体がどこかわるい場合、こうした運の巡りあわせはもっとひどくなります。逃げるために病気を利用するのです。

どちらのタイプも、たいていはよい共生の仲間になれません。最初のタイプは、競争することに価値があるときにはまだうまくいきます。このタイプは他者を犠牲にしたときにだけバランスをとることができます。対して、2つ目のタイプは、重苦しい劣等感や、人生との不和に一生ずっと苦しみます。

※訳注　ヨセフはイスラエル民族の祖ヤコブの子。兄たちを従えることを暗示する夢を見て、のちにエジプトの宰相となり、大飢饉から国を救いました。

第一子が保守的な性格になる理由

第一子にも、はっきりした特徴があります。とくに第一子には、精神生活を成長させるのに適したポジションという利点があります。いつも特別で有利な立場にあることは、歴史を見ればわかります。多くの民族や社会階層では、この優位が伝統的に維持されています。たとえば農家では、第一子はいつか農場を引き継ぐという自分の使命を幼いころから知っています。そのために、いつか家を出なければならないと思って育つきょうだいよりもずっと有利な状況にいます。そのほかにも、長男が家を継ぐことになっている家柄はたくさんあります。一般市民や低所得者層のように、この伝統が重視されない場合でも、第一子は少なくとも腕力や利発さを求められ、手伝いや監視役を任されます。こうして絶え間なく周囲からの信頼を背負わされることが、子どもにとって何を意味するか、想像してみてください。この状況は子どものなかに、次のような思考プロセスで表されるものを作りだします。それは、おまえのほうが大きくて強くて年上なのだから、きょうだいよりも賢くなければならないという考えです。

第一子の成長がこの方向でそのまま進むと、秩序の番人と言えるような特徴が現れます。こうした人は力に対して独特の高い評価をします。自分自身の力に対しても、力という概念に対しても同じです。第一子にとって力は当然のことで、重みがあり、必ず勝利するものです。こうした人は、基本的に保守的な性格でもあります。

第二子はねたみ深い？

第二子にも、力と優越の追求が独特の形で見られます。エネルギーにあふれ、優位を目指して突き進みます。態度にも競争が示され、それが人生を形作ります。第二子は、力のある人が前にいることを強い刺激として感じます。自分の力を育てて第一子と闘える場合には、勢いよく前進します。一方、力のある第1子は、きょうだいに抜き去られる恐れがないかぎりは、比較的安全だと感じています。

聖書のエサウとヤコブの伝説は、※訳注 こうしたイメージを生き生きと伝えてくれます。ここには、落ち着くことのない力の追求が見られます。追求は事実よりも、見せかけに向かって進みます。目標を達成して第一子を超えるか、闘いに敗れて後退し、場合によっては神経衰弱になるまで止まりません。つまり、不利な扱いを受けた者によく見られる気分は、資産をもたない階級のねたみに似ています。第二子のかかえる気分は、資産をもたない階級のねたみに似ていので、一生苦しみ、内面の調和は乱されます。これは、妄想や虚構、つまらない見せかけのために、人生の事実を無視したからです。

※訳注　弟ヤコブは、父が授ける長子の祝福を兄エサウのふりをして奪いました。

一人っ子の特別な状況

一人っ子もまた特別な状況にいます。周囲からの教育は一人っ子に集中します。両親には言ってみればほかに選べる対象もないので、教育の熱意をすべて一人っ子に傾けます。一人っ子は自立が困難になり、だれかが道を示してくれるのを待って、つねに支えを求めます。ひどく過保護にされ、困難があるなどとは思わなくなります。いつもだれかが事前にとり除いてくれるからです。つねに注目の中心にいるので、自分には特別な価値があるという感覚を容易にもちます。一人っ子の立ち位置は、誤った態度をとることがほぼ避けられないほど難しいものです。ただし、こうした状況にどんな意味や危険があるのかを両親がわかっていれば、さまざまな事態を防げる可能性はあります。それでも困難は必ず残ります。両親が非常に慎重であれば、人生そのものをひどく困難に感じ、過剰に用心して事を進めます。

これは子どもには強い圧力として感じられます。子どもの無事をつねに心配していると、子どもも不安になり、世界は敵対的だと思う方向に進みます。子どもは困難に直面することをずっと恐れながら、なんのトレーニングも準備もせずに成長します。人生の快適なところしか与えられてこなかったからです。こうした子どもには自立した仕事は難しく、生きていくのが困難になります。また、失敗もしやすいでしょう。彼らの人生はときに、他者に世話をさせて自分はただ楽しむ寄生者の生き方と似ています。

兄弟姉妹が互いに競争する組み合わせにはさまざまなものがあります。そのため、個々のケースの判断はいっそう難しくなります。とくに難しいのは、姉妹のなかに男児が1人というケースです。こうした家では女性の影響が優勢で、男児は後ろに押しやられていることが多く（とくに男児が末っ子の場合）、自分が閉鎖的な集団と向きあっていることにそのうち気づきます。認められたいという男児の欲求は、行動に移すたびに妨害されます。四方八方から攻撃される男児は、わたしたちの遅れた文化が男性に与える特権に気づくこともなく、不安がちになります。びくびくとおびえ、ときには、男性の立場のほうが弱いと感じることまであります。勇気や自信がすぐに揺らぐこともあれば、刺激となって働いて偉大な業績を達成することもあります。どちらの場合ももともとの状況は同じです。こうした男児がどう育つかは、当然ながら、もっとこまかい事情で変わってきます。けれど、一貫した特徴というべきものは、そこに見られるはずです。

子どもの性格に遺伝は関係ない

子どもが生まれつきもっているものが、子どもの立ち位置によって形を与えられ、色を加えられる様子がわかったでしょう。これがわかったことで、教育にとってきわめて有害な**遺伝説**は不要になったと思います。もちろん、遺伝の影響がたしかにあるように見える関連やケースはあります。たとえば、両親と接触せずに育った子どもが、親と似たような特徴や同じ特徴を示す場合などです。これを奇異に思ったとしても、子どもが成長するときの誤りがどれほどよくあることなのかを思い返せば、すぐに理解できます。たとえば、生まれつき身体の弱い子どもは、器官の障害が原因で、周囲からの要求によって緊張が引き起こされます。もし父親も生まれつき身体が弱ければ、同じことが起こるでしょう。こう考えると、性格は遺伝するという学説は根拠が弱いように見えます。

子どもを誤った成長の犠牲者にしないために

こうした点から見ても、成長する子どもがさらされる誤りのなかでもっとも重大なのは、他者を上回りたいと思い、自分を有利にする力と立場を得ようとする誤りです。わたしたちの文化で当然とされるこの考えが人の精神を満たせば、その人の成長の仕方はほぼ強制的に決まります。それを防ごうとする場合、どれだけ難しいことか認識して理解しなければなりません。もしあらゆる困難を切り抜けるのに役立つ画一的な見解があるとすれば、それは共同体感覚を育てることです。共同体感覚を育てられれば、あらゆる困難は些事になります。けれど現在そのような機会はあまりないので、困難は重要な問題なのです。この問題を認識していれば、あまりにも多くの人が一生のあいだずっと自分の存在をかけて闘い、人生をつらく感じている様子を目にしても驚かないでしょう。

彼らが誤った成長の犠牲者で、そのせいで人生に対する態度も誤っていることがわかるでしょう。ですから、わたしたちは判断の際は慎重にならなければなりません。とくに、**道徳的な判断**、つまり人の（道徳的な）価値を判断したりしてはいけません。それよりも、相手との向きあい方を変え、自分たちの知識を活用しようとしなければいけないのです。なぜならわたしたちは、もう人の内面についてずっとよくわかっているからです。教育についても重大な観点がわかっています。誤りの大本を知ったことで、働きかけの可能性がたくさん得られています。精神の成長を観察することで、目の前の人から、その人の過去だけでなく未来の一部も読みとることができます。こうすることで、相手がやっと本当に生きた存在として現れてきます。単なるシルエット以上のものになり、わたしたちはその人の価値について、現在の文化でよく見られるものとは異なる判断をすることができるのです。

謝辞

本書のなりたち

この本では、個人心理学の揺るぎない基本とはどのようなものか、人間を知ることに対して個人心理学がどれほど有用か、また、他者とつきあい、自分の人生を作っていく上でどれほど重要かを、できるだけ多くの読者に示そうとしています。本書には、ウィーンの国民集会所《フォルクスハイム》で何百人もの聴衆を前に行った1年間の講座がまとめられています。そのため、本書の主題は、社会におけるわたしたちの問題行動は個人の誤った態度から生まれたと理解すること、自分の誤りを認識すること、そして社会のつながりのなかにさらに踏み込んでいくことになるでしょう。

商売や学問で誤ることはたしかに残念でダメージのあることですが、人間の理解における誤りは多くの場合、命に関わります。わたしたちの学問に熱心にとりくむ人ならば、自分のいる輪から踏みだして、すでにある立証や経験を先人と同じように見つめようとするでしょうし、わたしはそう期待しています。

この場を借りて、ブローザー法学博士に心からの感謝を申しあげます。博士はわたしの講座のほぼすべてをこまかく記録し、整理してまとめてくださいました。博士の助けがなかったら、この本はほとんど成立しなかったと言ってもいいでしょう。

わたしの娘で医学博士でもあるアレクサンドラ・アドラーにも感謝します。わたしがイギリスとアメリカで個人心理学の新たな仲間を得ようとしているあいだ、校正して、本書を完成させてくれました。

S・ヒルツェル出版は、模範的な形で本書の出版を助け、こまかな配慮で準備を整えてくださいました。この点について、個人心理学は大いに感謝しなければなりません。

ウィーンでの講座と本書が、人類の進む道に光を当てるという目的に貢献することを願っています。

ロンドン、１９２６年11月24日

アルフレッド・アドラー

アルフレッド・アドラー (Alfred Adler 1870 年 -1937 年)
オーストリア出身の精神科医、心理学者、社会理論家。
フロイトおよびユングとともに現代のパーソナリティ理論や心理療法を確立し、個人心理学を創始した。実践的な心理学は、多くの人々の共感を呼び、アドラーリバイバルともいうべき流行を生んでいる。
代表作に『生きる意味』『なぜ心は病むのか』(共に興陽館、長谷川早苗訳)などがある。

長谷川早苗 (はせがわ さなえ)
独日翻訳者。訳書に、アドラー『生きる意味』(興陽館)、セドラチェク＆タンツァー『資本主義の精神分析』(共訳、東洋経済新報社)、ラルセン他『メディカルヨーガ』(ガイアブックス)、ビットリッヒ『HARIBO占い』(阪急コミュニケーション)他。

人間《にんげん》の本性《ほんしょう》 人間《にんげん》とはいったい何《なに》か
2020 年 2 月 15 日 初版第 1 刷発行
2022 年 2 月 25 日　　第 3 刷発行

著　者　アルフレッド・アドラー
訳　者　長谷川早苗(はせがわ さなえ)
翻訳協力　株式会社トランネット https://www.trannet.co.jp/

発行者　笹田大治
発行所　株式会社興陽館
〒 113-0024　東京都文京区西片 1-17-8 KSビル
TEL 03-5840-7820　FAX 03-5840-7954
URL：https://www.koyokan.co.jp

装　丁　山口昌弘
校　正　新名哲明
編集補助　中井裕子
編集人　本田道生

印　刷　恵友印刷株式会社
D T P　有限会社天龍社
製　本　ナショナル製本協同組合

ISBN978-4-87723-251-1 C0011

いつも不安な
ひとの心理

なぜ心は病むのか

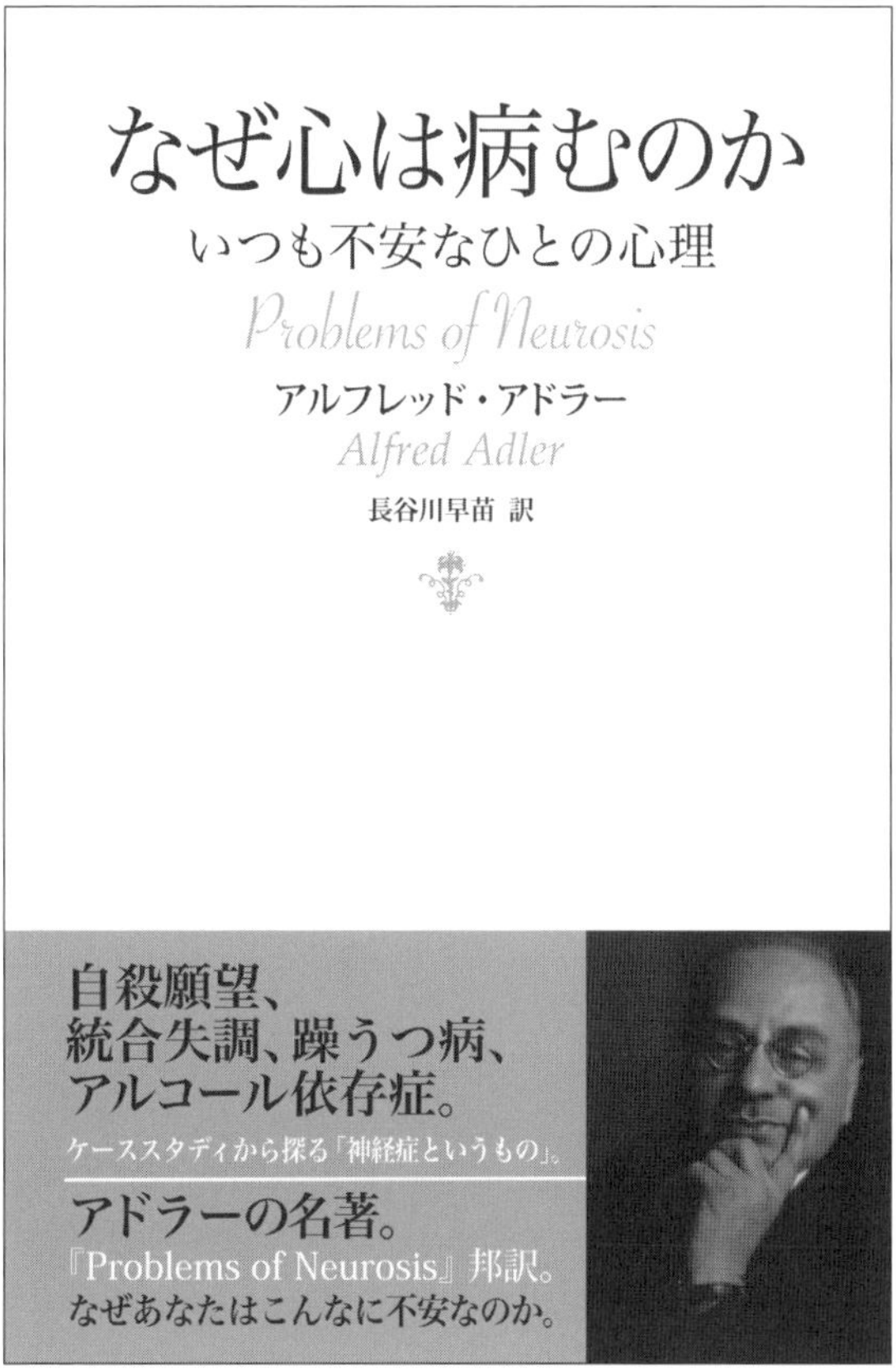

アルフレッド・アドラー
長谷川 早苗＝訳

本体 1,600円+税

ISBN978-4-87723-242-9 C0095

「ずっと心に不安を抱えている人は、必ず『あまやかされた』子ども時代を送ってきている」

本書は数少ないアドラー原書の翻訳である。

海外の名著を読む。

自信
エマソンの『経験』と『自己信頼』新訳

ラルフ・ウォルドー・エマソン　著
大間知知子　翻訳

本体 1,100円+税
ISBN978-4-87723-224-5 C0095

自分のいる場所で、たとえ実際の仲間や環境がどれほどつまらなく嫌気のさすものであってもそれを､受け入れて、この一瞬一瞬を生きる。宮沢賢治から、ソロー、アメリカ大統領のトランプ、オバマまで愛読し、座右の銘とした著者渾身のメッセージ。新訳！

「自分は自分」でうまくいく　最強の生き方

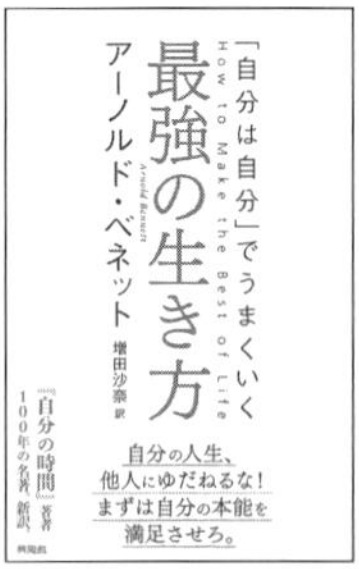

アーノルド・ベネット　著
増田沙奈　翻訳

本体 1,000円+税
ISBN978-4-87723-209-2 C0030

『自分の時間』の著者ベネットの名著、新訳で登場。人生を心から楽しむには、自分の本能を満足させなければならない。あなたの生き方は、自分自身を満足させているか？ 数えきれない成功者たちに読み継がれた「最強哲学」！

自分を信じる力

ラルフ・ウォルドー・エマソン 著
大間知知子　翻訳

本体 1,200円+税
ISBN978-4-87723-192-7 C0095

きみのまわりの状況がどうであれ、きみは自分自身を信じればいい。

たとえ孤独であろうと、群集のなかにいようと自分の心そのままに生きることはできる。

自信に根拠はいらない。

孤独は贅沢
ひとりの時間を愉しむ極意

ヘンリー・D・ソロー　著
増田沙奈　翻訳／星野 響　構成

本体 1,000円+税
ISBN978-4-87723-215-3 C0095

静かな一人の時間が、自分を成長させる。
お金はいらない、
モノもいらない、
友達もいらない。
本当の豊かさは「孤独の時間」を持つことからはじまる。